¿Dónde están tus lentes?

Una auténtica revolución individual

Mario A. Alfaro

2015

El autor de este libro no proporciona consejos médicos ni prescribe el uso de ninguna técnica como una forma de tratamiento para problemas emocionales, físicos o médicos. En todos los casos se recomienda el consejo de un médico, ya sea directa o indirectamente. La intención del autor es solo ofrecer información de carácter general para ayudarle en su búsqueda de bienestar emocional y espiritual. En la eventualidad de que usted use por sí mismo alguna información contenida en este libro, el autor ni la editorial no asumen ninguna responsabilidad por sus acciones.

ISBN 978-0-692-41642-6

Library of Congress of United States 001869308

Published by:

Mario Alfaro

www.Marioaalfaro.com

A todos los que buscan respuestas a sus interrogantes más íntimas.

Prólogo

Mario Alfaro, escritor peruano, se perfila en este libro denominado ¿Dónde están tus lentes?, como un magnífico exponente de una filosofía existencial innovadora que explora la auto-evaluación interior de cada ser humano. Aborda parajes fundamentales que se dan continuamente, situaciones que el hombre confronta cotidianamente, pero que no han sido lo suficientemente analizados como ayuda necesaria para la individualidad y, por ende, para la sociedad.

He aquí una lectura dirigida a todo tipo de lector, de cualquier sexo, edad o estrato socio-económico; una obra que, amena y didáctica se convierte en herramienta para descubrir que cada quien posee un mundo interior donde muy pocas veces ha entrado o que, quizás, ha tenido temor de explorar o aceptar. El interés en la lectura se mantiene de principio a fin, porque descubre cortinas, abre ventanas y elimina los cerrojos que el mismo hombre coloca en su intimidad reflexiva o en su raciocinio.

El Mismo autor actúa como un agente motivador de su propio estudio plasmado en este libro cuando se dirige al lector: "Lo realmente importante es lo que sucederá contigo si observas las respuestas que surgirán de tu interior ante cada interrogante que te plantees, de esta forma, al estar consciente en el momento de hacerlo, podrás constatar parte de los paradigmas *que gobiernan tu existencia. El asunto central es que, confirmes por ti mismo(a) si verdaderamente eso, ¿es lo que crees? La decisión de revisarlos, modificarlos o ratificarlos, dependerá única y exclusivamente de lo que se haga al momento de estar presente. Si decides hacerlo, una nueva luz alumbrará tu camino, comprobando con alegría y satisfacción que lo que ahora expresas si es consecuencia de tus propias convicciones, las cuales emanaran de tu SER, como respuesta de lo que comenzaras a sentir, al dejar fluir tus convicciones del manantial vivo que brota desde tu interior".*

Mario Alfaro no intenta alinear hacia algún tipo de doctrina, dogma o credo. Las diferentes corrientes ideológicas del pensamiento que se posean, no deberían obstaculizar el encuentro interior consigo mismo. En la interioridad de cada ser humano se encuentra su verdadero yo. Y he captado que sin lugar a dudas, el valor de la libertad es indispensable sentirlo en ese interesante autoconocimiento. En torno a esto el autor expresa: "Los seres humanos, llegamos al mundo sin pedirlo, lo hacemos casi todos de la misma forma, salvo casos donde circunstancias especiales, alteran o complican ésa llegada. Luego de haber permanecido en el vientre materno por el tiempo necesario, se nace entrando en contacto directo con el mundo circundante en el acto mismo del nacimiento, o en el momento en que hay que separar al niño (a) de su madre, caso contrario no tendría su propia vida. La separación se produce, cuando se interrumpe la conexión que tenía con la madre a *través del ombligo, es decir, cuando se corta el cordón umbilical. Cuando se corta ésa conexión, el recién nacido comienza a vibrar ante la desconexión de energía que venía recibiendo de su progenitora. El llanto natural que surge ante ésa situación, no es debido al hambre, miedo, ni alegría ya que no tiene ni sabe nada de eso. Obedece simplemente a la desconexión con su energía vital! Es el comienzo de su lucha por vivir, no hacerlo significaría su incapacidad para existir. Se nace libre, e igual a los de la especie humana, dotados todos de inteligencia, poder y aquello que se necesita para desarrollarse en esa masa corporal en la que habitaras hasta el momento en que tengas que continuar viviendo, en otra dimensión"*

En la profundidad del cerebro del hombre, en lo más hondo de su esencia, se encuentra un infinito, un arcano, un secr eto, una individualidad impregnada de un poder perfecto, no obstante, la puerta de ese mundo interior generalmente se encuentra cerrada. Por esta causa, el hombre no se llega a conocer a sí mismo. Las trabas de los factores ambientales muchas veces lo hacen aceptarse como un ser con demasiados errores o incapaz. Entonces, es necesario abrir esa puerta, el deseo de enterarse de lo que es la vida constituye un impulso básico en el ser humano. Y no sólo se necesita bebida, comida, calor, comprensión y cercanía física; sino, fundamentalmente encontrar una respuesta de la naturaleza y capacidades del yo interno. A través de este libro se pretende que el lector se motive al auto reconocimiento.

¿Quién soy, qué soy? Son las preguntas más seguras que pudiera hacerse cualquiera en momentos de incertidumbre existencial. No obstante, las respuestas válidas siempre resultarán muy difíciles para el grueso de los habitantes del Planeta Tierra. El autor expone: "Sin embargo, si te permites caer en la nube del cinismo, lo más probable es que la respuesta vaga que se presente, satisfaga tu ego y este continúe en el círculo vicioso de la repetición improductiva y la información inexacta, fútil y negativa". De todo esto, se denota la necesidad de que el ser humano sea leal con su propia naturaleza, si desea lograr encontrarse con su yo interior. Ya basta de excusas para huir de sí mismo, ya basta de justificaciones constantes y repetitivas para no intentar ser mejores y más eficaces. Muchas veces escuchamos que alguien dice: Soy un mortal, de carne y hueso, no soy perfecto y siempre he de cometer errores. En otras palabras, ya está decretando el fracaso y la imperfección y no va a hacer esfuerzos por logros agraciados.

Mario Alfaro, considera que los conceptos cerrados, los miedos, las frustraciones, las trabas comienzan en los primeros años de vida del ser humano, sembradas por la gente del entorno familiar y social, y afirma: "En casi todos los casos lo hicieron de buena fe, pero, generalmente con una gran dosis de ignorancia", lo que implica que dejarán de afectar en la psiquis del individuo, cuando éste tome voluntariamente las riendas de su encuentro interior. Se hace necesaria una maduración a conciencia, a fin de descartar lo erróneo que se ha establecido en el transcurso de la existencia y comenzar el conocimiento de sí mismo.

Con mucho acierto el autor presenta la idea que muchos tienen de un Ser Perfecto Creador del mundo, estos mismos poseen la firme creencia de haber sido hechos a imagen y semejanza de Dios; sin embargo, al mismo tiempo se dicen imperfectos, porque así la sociedad lo ha repetido generación tras generación. En relación a este punto, el escritor dice: "Es que acaso un SER perfecto, ¿puede crear algo imperfecto? Si el SER humano fue creado en esas condiciones, entonces necesariamente está dotado de la inteligencia infinita al haber sido concebido a imagen y semejanza de su creador! Obviamente esta presunción se basa en la creencia de la existencia de un Ser superior, por lo que se concluye que la existencia personal no es un accidente".

En fin, muchos son los detalles que nos llevan a definir este libro, como un estudio entretenido, real, útil e interesante, que puede por su contenido aleccionador brindar luces a otras disciplinas como la psicología, la filosofía, la pragmática, la teología, etc., al mismo tiempo que hace uso de las mismas, por lo que podría convertirse en un texto imprescindible de notable inspiración.

Milagros Hernández Chiliberti

Profesora de Lenguaje y Literatura. Doctora en Lingüstica y Literatura.

Especialista en Dialectos del idioma Castellano. Cónsul de Poetas del mundo. Presidente de la Unión Hispana de Escritores, Presidente de la Sociedad Venezolana de Artes Guárico-Venezuela.

Prefacio

Una obra que ya tiene que ser expuesta a que todos la disfruten.

La temática aborda interesantemente rumbos filosóficos donde los pilares son los que vaticinan nuestro ser como personas que partimos desde el nacimiento. Los seres humanos que también están inmersos en sus problemas igualmente se cuestionan como este autor, que casi piensa en voz alta y que lo hace cuando su pluma dorada lo auxilia a expresar todo lo que él siente y percibe del mundo real e irreal.

Su solidez y lucidez de conservar sus principios básicos de existencialismo hace que el lector también se identifique con sus cuestionamientos y que cada uno al leer vaya atesorando aquel mundo mágico de las letras. La suspicaz visión del autor neo-existencialista gana las preguntas y respuestas que cumplen el eslabón filosófico.

La intuición es la musa inspiradora que lo lleva a lo ininteligible de lo cotidiano. Hay en el desarrollo un alto contenido de introspección que el propio lector se involucra, porque no puede seguir siendo lector. Hay un deseo intenso que transmite una pasión sensual que está a unos pasos de la verdad existencial. Las instancias en que se van dando los hechos no aleja al lector de su sagrada condición de lector, y sigue vorazmente leyendo, hasta...el fin...no se sabe si es el fin del principio y/o viceversa.

Extrema sus cuidados de mantener el semáforo del lector en línea verde, para que nada lo distraiga vanamente. "La felicidad no es una constante como se piensa ni cree, por el contrario, resulta siendo una variable interminablemente presente que actúa al ser activada o reconocida".

Su opinión de cómo ve este pilar vital que hace que los seres humanos se alinean a construir su propia felicidad es interesante. Las piezas móviles de su ajedrez imaginario son muy bien pensadas con movimientos que analizan la introspección de sus sentires. La revisión conceptual de sus dichos plasma su contacto permanente con el lector que continua letra a letra hasta el fin.

Nadie es perfecto ni puede vivir solo como ya lo dijo el filósofo Aristóteles, a no ser que sea un bruto o un Dios. La felicidad no es perfecta es tan solo un ideal que el lector necesita seguir construyéndola ¿Dónde están tus lentes? Una vez utilices tus propios lentes comprenderás que hay mucho por hacer, empezando por cambiar los paradigmas esenciales que se encuentran profundamente arraigados en ti, lo cual te impide ver las cosas de manera diferente en la creencia de que son tus propios paradigmas. Los nuevos modelos a seguir para que sigamos usando las gafas del conocimiento, del saber, no solo sobre los demás sino fundamentalmente sobre uno mismo, el propio lector.

Soy convicta de que cuando un autor logra llegar al lector de principio a fin, es una obra que ya tiene que ser expuesta a que todos la disfruten

María Rosa Parra es Profesora, Políglota, Traductora profesional, Poetisa y escritora Uruguaya.

Presentación

Imprescindible propuesta para un mundo mejor

La vida en sí es muy difícil de conceptuar y definir. No es sólo lo que se mueve o tiene corazón sino lo que siendo existencia, crea sobre si valores que se concatenan y a veces se diluyen en sus propias sinergias, en sus luces boreales, para crear otros estados, que, aunque no lo parezcan, siguen teniendo vida. Porque nada en el Universo es vacío ni yerto. Todo incluso hasta lo que no parece, por su inmovilidad, posee vida. Y en el ser humano, es esa vida la que crea los entornos más formidables, las experiencias más maravillosas. Si quiere, el hombre se convierte en arquitecto de un destino que le pertenece y no le pertenece a la vez, pero al mismo tiempo en su escrutador, sobre un vademécum que aprende cayendo, sufr iendo, amaneciendo, trasnochando. Pero si también lo permite, se vuelve, prestado a la noche de los tiempos, a la entelequia de las más fantasmales e inmundas pleitesías, en esa culebra de la gnosis que por buscarse la cola se sigue y se persigue. Y entonces surge el pandemonio del ser humano enemigo de su propia natur aleza, presa de sus propias falacias, prisionero de sus bajas pasiones, incapaz de ser él mismo, no porque lo sea, sino porque su horrenda inutilidad juega a crear vorágines existenciales, dramas concomitantes, en su vida.

Mario Alfaro, parece darse cuenta de esa probidad, pero también de ese infortunio, de ese malabarismo al que tenemos que som eternos los seres humanos, para decir y darnos cuenta que vivimos. Pero más que eso para sobrevivir a una agresión mórbida que ha copado los espacios del viento, para sostener las tesis más absurdas y hay quienes dicen que también para proponernos un esquema sociológico que los filósofos miran con expectación pero que los administradores de los manicomios entienden como locura.

En esa loca locura o locura cuerda, ¿Dónde están tus lentes?, termina siendo, la puerta que se abre de una filosofía existencial innovadora, que como la lingüista venezolana Milagros Hernández Chiliberti dice, explora la auto-evaluación interior del ser humano, para abordar, con gran inteligencia y sencilla alquimia, parajes fundamentales de ese acontecer cotidiano, correveidile de esa estructura trasmitida por la herencia, que se parapeta en el interior de cada quien, para crear situaciones que el hombre confronta cotidianamente, y que definen la individualidad. Ella misma es la que después de ser tal, se suma a la de las demás individualidades, para cursar el juicio de la propia historia social.

El escritor peruano termina en ese sentido dirigiéndose cualitativamente al hombre de todas las diásporas sociales, que es ante todo un ente promotor de vida desde su vida, hacerle saber que, precisamente por esa misión que los teólogos sostienen que le fue dada por el Cielo, puede y tiene la obligación moral de ser él mismo y los demás sintiendo lo que sienten; ser un organismo creador de cultura y de sueños imperecederos; y levantarse por encima de sus propias fatalidades para concitar esperanza, para conquistar lo que se ha dado en llam ar destino, que sea cual fuere su andamiaje estructural, es un camino de vicisitudes hacia la obtención de la felicidad.

En ese camino todo puede pasar, porque conforme las sociedades avanzan tecnológica y científicamente el hombre parece ser más víctima de sus propias pasiones y falencias. Y son los paradigmas que se sostienen, los esquemas mentales que crean maneras de vivir, algunas a favor y otras en contra de la raza humana, tan ganada por las vicisitudes. Por eso se dice que antes que hijos de madre, somos hijos de su memoria. Y como nuestra madre hereda la memoria de sus antepasados, terminamos siendo partícipes de ceremoniales fastuosos y a veces terribles de vidas sucesivas que construyen nuestra manera de ser y nos someten mentalmente.

Mario Alfaro, que maneja el idiom a y sabe usar con paciencia de químicos los componentes didácticos de su planteamiento axiomático conoce esos antecedentes y entonces juega a hacer entender a los seres humanos sin distinción de sexo, raza, color o cr edo, que resultando esa herencia paradigmática una cuestión importante para decidir el futuro de la humanidad, hay necesidad de revisar hasta el tuétano la aquiescencia de los paradigmas, para plantear su r atificación o modificación indefectible.

En "Dónde están tus lentes", Mario Alfaro entra se mete al núcleo del huracán para demostrar nos que los seres humanos llegamos al mundo acaso sin pedirlo luego de un viaje ventral inigualable y que cuando nace y es separado de su madre entra a una especie de desconexión tra umática que lo obliga, por instinto y según la herencia cultural del lugar al que le toca llegar, a generar maneras de acondicionarse para sobrevivir a ese "rompimiento", a ese acabar de fiesta que dejó para asumir una nueva ecología, un nuevo ambiente citadino. "Cuando se corta ésa conexión, - dice Mario Alfaro - el recién nacido comienza a vibrar ante la desconexión de energía que venía recibiendo de su progenitora. El llanto natural que surge ante ésa situación, no es debido al hambre, miedo, ni alegría ya que no tiene ni sabe nada de eso. Obedece simplemente a la desconexión con su energía vital! Es el comienzo de su lucha por vivir, no hacerlo significaría su incapacidad para existir. Se nace libre, e igual a los de la especie humana, dotados todos de inteligencia, poder y aquello que se necesita para desarrollarse en esa masa corporal en la que habitarás hasta el momento en que *tengas que continuar viviendo, en otra dimensión", más allá de la muerte.*

Con oficio de conocedor de lo que opera en las interioridades del ser humano, el autor percibe que en el locus de su diametral ismo con un alma paralela, mora una especie de infinito, que lo acer ca o aleja de su Creador; y que en esa casta señera, en ese aproximarse a la eter nidad, su naturaleza carente de todo, lo lleva a emprender una batalla con una naturaleza que le es adversa pero que tiene la obligación de domellar. Es en el secreto de cada individualidad, que es un misterio que los científicos tratan de acabar, que el hombre parsimonia con una locura que no acaba de comprender, que es como la locura de la predicación de la que habla el Libro Sagrado; que es locura, pero a la vez sabiduría y que entonces no es locura pues, en el abordaje más extenso de su término porque al final los locos del manicomio son menos locos que los que hemos copado con nuestras astutas reticencias y distintas maneras de concebir la vida, el mundo paralelo. Por eso que cada hombre es un arcano, un libro cerrado que hay que abrir y leer, para descubrir sus más entrañables secretos. Es esa misma naturaleza complicada, débil premunida de grandes defectos, la que hizo decir al Apóstol Pablo: "Esta naturaleza, que hace lo que no quiero". Y es que en ese "querer y no querer" en ese "estar" pero" no estar", el ser humano le pone cascabeles al gato e inventa cosas para pretextar las graves falencias que lo agobian. Y es en esa extraña distensión que se enfrenta a grandes dificultades de las que puede salir sabiéndose a sí mismo heredero de un Cielo al que podrá regresar - lo dice todas las religiones -si en verdad cree y tiene fe en su destino. En ese preguntarse lo que es, el hombre va obteniendo respuestas insondables y descubriéndose a sí mismo.

Mario Alfaro trabaja en su libro "Dónde están tus lentes" los grandes interrogantes que agobian al ser humano, que en pleno siglo XXI sigue víctima de sus propios miedos, frente a la conspiración de un mundo ganado por la maldad, la falsedad y la malicia. Es allí donde entran a jugar roles fundamentales, la educación y la cultura, y el hombre es dotado de herramientas que le pueden servir para no ser un fracasado o para el éxito soñado. Aunque no siempre la educación académica puede dotarlo de la consistencia moral suficiente para ser lo que en nuestro Continente se llama "gente", que es una condición de excelencia espiritual con la que se nace, posiblemente porque en su herencia genética vino rigurosamente dotado de consideraciones éticos morales que el mundo es incapaz de proporcionar. Si la carga hereditaria es negativa, por más que el academicismo de las mejores Universidades, pretenda variar sus paradigmas defectuosos, esa excelencia no la podrá jamás lograr.

Es interesante por eso la m etodología usada y la finalidad de la obra en general, porque Mario Alfaro entra con discernimiento y autoridad, a entender y hacer entender que el cambio de los esquemas mentales nunca se podrá lograr, si el hombre es cínico o vil y si lo azota el drama de una existencia espiritual negativizada por los desvalores más obtusos "Si te permites caer en la nube del cinismo,- dice - lo más probable es que la respuesta vaga que se presente, satisfaga tu ego y éste continúe en el círculo vicioso de la repetición improductiva y la información inexacta, fútil y negativa".

En la marcha hacia el encuentro de su propio "yo", el hombre se tiene que vencer primero a sí mismo. Y para hacerlo no todas las armas a la mano le son útiles. Algunas en apariencia sirven, pero sólo logran llevarlo a males mayores que imposibilitan no sólo alcanzar el grado sumo de la valoración ética sino el respeto de su propia dignidad. Pero así como en medicina no sirve la reticencia del paciente a reconocer que está enfermo y que debe someterse al arbitrio del médico así en la vida humana, no sirve al hombre su inconsciencia la falta de reconocimiento de su propio vacío existencial. Si cree que siendo un delincuente, no le hace daño por ejemplo matar, jamás dejará de superar ese estado paradigmático oscuro, fortalecido por su propia necedad. En "Dónde están tus lentes", se plantea la imprescindible necesidad de superar las defecciones existenciales del hombre, bajo la impronta de la lealtad a los principios y el reconocimiento de una naturaleza débil, imperfecta y pecadora, que puede fácilmente sucumbir ante la procacidad de los atractivos mundanos.

Mario Alfaro, "considera que los conceptos cerrados, los miedos, las frustraciones, las trabas comienzan en los primeros años de vida del ser humano, sembradas por la gente del entorno familiar y social", anotando que: "En casi todos los casos lo hicieron de buena fe, pero, generalmente con una gran dosis de ignorancia", lo que confirma el aserto de que la ignorancia es enemiga de Dios y también del hombre; y que es por ese fenómeno crítico, afianzado por la falta de educación pero fundamentalmente por una naturaleza reticente a valorar esos aportes imprescindibles a sus razones morales, que se producen las grandes desgracias de este mundo. El autor nos habla entonces de replantear las cosas sobre la base de que el hombre es progenie de Dios y que en ese sentido sus valoraciones genéticas deben ser coherentes con la sabiduría de la Divinidad y aplicarse en la existencia.

Creo que éste libro por su calidad y prospectiva, merece ser leído como aporte filosófico imprescindible para la transformación paradigmática o moral del hombre nuevo.

Carlos Garrido Chalén es Abogado, Periodista, Escritor y Doctor en Literatura. Premio Mundial de Literatura "Andrés Bello" 2009. Presidente Ejecutivo y Fundador de la Unión Hispana de Escritores. Embajador Universal de la Paz y miembro del Círculo de Embajadores en Ginebra, Suiza.

Introducción

Una mañana de invierno, había ido a visitar a un familiar que se encontraba hospitalizado a consecuencia de una repentina inestabilidad fisiológica que puso a prueba su salud y alarmó a toda la familia como es de imaginar. Me hallaba en el interior de una habitación de uno de los modernos hospitales de Virginia, cuando de pronto, ingresó una enfermera para efectuar un chequeo de rutina. Era una esbelta y agraciada mujer de treinta y cinco años aproximadamente, de fácil movimiento y con aparente conocimiento de su trabajo. Con un ligero movimiento de cabeza indicó a los presentes que debíamos abandonar el ambiente. Con una sonrisa coqueta y encantadora guiño un ojo indicando la puerta.

Prácticamente hizo que saliéramos todos con una tranquilidad y alegría que solamente transmiten las energías positivas y contagiosas. Salí de la habitación no sin antes devolver la sonrisa lo cual me recargó como si fuera magia, realmente me sentí muy bien y podría decir que las otras personas experimentaron también algo similar. Me excusé y dirigí a la sala de espera.

Mientras caminaba, recordé fugazmente las veces que fui internado en algún hospital. Honestamente no me gustan los hospitales; respeto y admiro profundamente el trabajo de todo el personal que labora en esas instituciones pero no suelo visitarlos, salvo que se trate de alguna persona muy especial o que sea yo el que se encuentre internado una vez más en contra de su voluntad. ¿La razón? Sencillamente porque vienen recuerdos tristes de las veces que estuve hospitalizado y evidentemente esa reflexión no me alegra para nada.

Tomé asiento, cogí una revista y comencé a ojearla; transcurrieron algunos minutos de pronto, ingresó a la sala un hombre de unos cuarenta años de edad aproximadamente. Ocupó uno de los muebles que había a mi costado, cerro sus ojos y se quedó como ausente al tiempo que los dos niños que llegaron con él, entre ocho y once años, comenzaban a saltar, gritar, jugar, tirándose objetos sin reparo de ninguna clase! Las demás personas que estaban sentadas en los otros muebles contemplaban lo que sucedía con evidente incomodidad, pero, sin que nadie diga o haga nada al respecto!

Trataba de concentrarme en la revista que intentaba leer, pero era imposible con todo el ruido que estaban haciendo esos muchachos. Realmente estaba muy incómodo y fastidiado así que decidí tomar acción. Hice un movimiento dando un golpe intencional con la finalidad de llamar la atención del sujeto que se encontraba a mi costado en evidente estado de inconsciencia. Conseguí que me observara algunos segundos y en actitud de fastidio decididamente le dije con energía: Disculpe ¿podría controlar un poco a sus hijos? Estamos en un hospital, hay gente delicada aquí y están haciendo demasiado ruido, agregué con tono evidente de molestia.

El tipo me vio con una mirada perdida, no sin antes llamar por sus nombres a los muchachos, quienes igual siguieron haciendo de las suyas, sin hacer el mínimo caso al requerimiento del que parecía ser su padre. La voz del hombre era calmada. Lo siento, dijo casi susurrando. Tiene usted razón se disculpó. La verdad, acabamos de salir del cuarto donde se encuentra internada mi esposa, está muy delicada y el doctor me ha informado que tiene un cáncer terminal y que no puede hacer nada por ella! Dice "que lo siente". No sé qué pensar, no sé cómo decírselo a los niños o tal vez ellos, ya se dieron cuenta, la verdad, no sé qué hacer!

El hombre, aún no había terminado la última frase y me sentía desfallecer! El suelo parecía moverse de su sitio, mientras trataba de hilar alguna respuesta. Los ojos se me nublaron! Se me hizo un nudo en la gar ganta, al punto que no pude decir palabra alguna. Moví la cabeza en señal de solidaridad. Honestamente me sentí torpe, grosero, brusco, inhumano, no encontré nada inteligente que pudiera decirle a ese hombre que estaba evidentemente herido, así que preferí no decir nada! En una fracción de tiempo, todo había cambiado radicalmente en mí.

Mi percepción era distinta, completamente otra. Había cambiado. Había dado un vuelco de trescientos sesenta grados! Los muchachos seguían saltando, jugando, gritando y tal vez hacían más ruido que antes, pero ahora, yo tenía ganas de abrazarlos, distraerlos, pedirles que sigan haciendo ruido y me daban ganas de saltar con ellos, con la intención de recuperar mi equilibrio que había sido abruptamente sacudido por la situación!

En décimas de segundos, comprendí mi torpeza, entendí rápidamente que los humanos formamos ideas o conceptos equivocados en base a la percepción inicial que tenemos y lo hacemos sencillamente porque nuestros pensamientos están condicionados de tal forma que nos habituamos a ver primero lo negativo, como resultado directo de la ignorante ignorancia heredada la cual, es mantenida inconscientemente gracias a la cultura egoísta en diferentes sociedades en el mundo.

Camino a casa, llegaron a mi mente muchas interrogantes; una de ellas, me dejó pensando profundamente. Me preguntaba, ¿Dónde están tus lentes? ¿Por qué sigues viendo las cosas como no son? ¿Dónde están tus lentes?, me repetía sin dejar de increpar mi conducta anterior!

Es así, como decidí escribir este libro que ahora se encuentra entre tus manos y espero de todo corazón sirva, como a mí me ha servido, para encontrar respuestas en base a la propia óptica y no a la del condicionamiento del pensamiento que contamina a todos de alguna u otra forma, a unos más que a otros indudablemente!

Quiero compartir contigo esa misma inquietud que experimenté en aquel momento. Ahora comparto la pregunta contigo: ¿Dónde están tus lentes? Igualmente encontraras tus respuestas que estoy convencido te servirán de mucho ya que veras y comprenderás cosas que tal vez antes no habías pensado, visto, o entendido en la forma como estoy convencido lo harás de ahora en adelante.

Buena Suerte!

Mario Alfaro

1

¿Quién Eres?

Ésta es una pregunta que posiblemente hayas escuchado muchas veces, inclusive pueden habértela formulado y hayas respondido en algunas oportunidades. Si contestaste ¿recuerdas lo que dijiste? Si no lo recuerdas, está bien, eso puede estar indicando que no tienes una respuesta clara y definida. Tal vez inicialmente pensaste que tenías la contestación para una pregunta simple pero, como vez la réplica es más compleja. Te estarás preguntando y ¿por qué sucede eso?

En realidad, no recordar ni tener una respuesta concreta es un indicativo de algo, eso es todo. Generalmente se cree que por lo breve de la pregunta la respuesta igualmente debe ser rápida y simple; sin embargo, conforme está comprobado es lo más inexacto. En efecto, es una pregunta lógica pero, por más corriente que parezca no perderá su profundidad; por el contrario, difícilmente podr á ser contestada sin caer en la cuenta de que para hacerlo con propiedad, hay que pensar antes de hablar permitiendo que la esencia fluya libremente de tu interior.

Cualquiera sea la elección, hacerlo con efectividad es ser o estar consciente del tiempo en el que se expresa la convicción. La inconsciencia que por lo general es el estado normal en el que acciona el ser humano, permite decir algunas palabras grabadas en la mente. Estas expresiones parecen propias gracias al condicionamiento del pensamiento. Se olvida por completo que tal vez, ni una de estas afirmaciones o convicciones fueron observadas, evaluada y menos comprendida al mom ento de registrarlas.

Inconscientemente se dice o repiten cosas, sin estar conscientes de lo que se cree o dice sobre el particular. En la mayoría de los casos, la costumbre es optar por lo más fácil: presumir que sabe la respuesta. En ese sentido, los mecanismos de defensa se activan automáticamente bloqueando la conciencia, facilitando que la conclusión inmediata surgida en situaciones como éstas quede aparentemente extraída com o de la propia fuente. ¿Te gustaría comprobarlo? Hazte la pregunta!

Al buscar la respuesta comprenderás mejor lo cuestionado, observándolo como profundamente complejo, por lo que es posible que mental y r ápidamente digas: "ya se todo eso!", no hace falta pensar mucho para responder. Sin embargo, no responderás. El silencio te hará comprender la carencia de argumentos válidos para responder apropiadamente la pregunta.

Probablemente algunas personas se hayan formulado la interrogante en más de una oportunidad, muchas habrán profundizado en la validez de la pregunta, otras tal vez no. En realidad, no hay absolutamente nada de malo con eso, lo importante es observar que eso es lo que sucede. Si respondiste alguna vez, es señal inequívoca que estás empezando actuar conscientemente y eso, sin duda es algo extraordinario, forma parte del crecimiento y desarrollo personal. Si no lo hiciste antes, igualmente puedes aplaudir, ésta es una gran oportunidad para comenzar a tomar conciencia de hechos significativos. Lo importante es que rechaces cualquier idea o pensamiento negativo que pretenda afligirte. No lo permitas por ninguna razón, resiste a cualquier chantaje!

Comúnmente, las personas no suelen hacerse preguntas como estas, sencillamente porque la mente ha sido condicionada a través de los años para situaciones cómodas y fáciles, nada interrogativas. Es más factible creer, que profundizar en la creencia! Por lo general, se piensa que el buscar una respuesta inteligente es o será una pérdida de tiempo.

En el mundo de las formas en el cual vivimos, el ego es quien domina, quien asume el control absoluto, haciendo creer que conoce las respuestas y si no fuera así, de todas formas las inventará! El ego o la razón del ego es hacer creer que todo lo sabe, dejar de hacerlo significar ía para él, la pérdida de su propia identidad, consecuentemente su desaparición.

En la práctica, la realidad existente es que un altísimo porcentaje no tiene ninguna respuesta coherente ni está preparado par a responder a preguntas de esta naturaleza. En la mayoría de los casos, se improvisa una respuesta que por lo general muestra poca o ninguna convicción sobre la esencia de la misma. Probablemente es el resultado de las opiniones, conocimientos y creencias de terceros, los que se encontraran arraigados profundamente en el subconsciente como si fueran propios.

Este libro ha sido escrito con la intención de abordar puntos sustanciales muy poco tratados en la vida diaria de las personas. La finalidad es invitar al lector a un encuentro personal, íntimo, para que en ese estado consciente descubra y compruebe lo que existe en su humanidad interior. Puedo presumir que al terminar de leer , no pensaras de la misma forma como lo h acías antes de iniciar su lectura. Gozaras ahora de elementos adicionales que te permitirán observar, entender y comprender mejor lo que tal vez antes, no habías percatado ni tenías presente consciente o inconscientemente.

No importa la edad que tengas, tu sexo, a que te dediques o cual sea tu situación actual en lo referente a tu salud, economía, actividad laboral, social o sentimental. Lo realmente importante es lo que sucederá contigo si observas las respuestas que surgirán de tu interior ante cada interrogante que te plantees, de esta forma, al estar consciente en el momento de hacerlo, podrás constatar parte de los paradigmas que gobiernan tu existencia.

El asunto central es que confirmes por ti mismo (a) si verdaderamente eso ¿es lo que crees? La decisión de revisarlos, modificarlos o ratificarlos dependerá única y exclusivamente de lo que se haga al momento de estar presente. Si decides hacerlo, una nueva luz alumbrará tu camino comprobando con alegría y satisfacción que lo que ahora expresas es consecuencia de tus propias convicciones, las cuales emanaran de tu SER como respuesta de lo que comenzaras a sentir, al dejar fluir tus convicciones del manantial vivo que brota desde tu interior.

Este no es un Libro que pretenda orientar ni sugerir ningún tipo de creencia en particular. Las creencias ideológicas, sociales políticas, económicas o religiosas, obedecen a diferentes corrientes del pensamiento, de manera que, la idea puntual es invitarte a un encuentro personal par a que busques la o las respuestas en tu interior, el único lugar donde habita el SER que no es otro que el verdadero YO.

Los seres humanos llegamos al mundo sin pedirlo, lo hacemos casi todos de la misma forma, salvo casos donde circunstancias especiales alteran o complican ésa llegad a. Luego de haber permanecido en el vientre materno por el tiempo necesario, se nace entrando en contacto directo con el mundo circundante en el acto mismo del nacimiento o en el momento en que hay que separar al niño (a) de su madre, caso contrario no tendría su propia vida. La separación se produce, cuando se interrumpe la conexión que tenía con la madre a través del ombligo es decir, cuando se corta el cordón umbilical.

Cuando se corta ésa conexión, el recién nacido comienza a vibrar ante la desconexión de energía que venía recibiendo de su progenitor a. El llanto natural que surge ante ésa situación no es debido al hambre, miedo, ni alegría ya que no tiene ni sabe nada de eso. Obedece simplemente a la desconexión con su energía vital. Es el comienzo de su lucha por vivir, no hacerlo significaría su incapacidad para existir.

Se Nace libre, igual a los de la especie humana, dotados todos de inteligencia, poder y aquello que se necesita para desarrollarse en esa masa corporal en la que habitaras hasta el momento en que tengas que continuar viviendo en otra dimensión.

¿Quién eres, es la pregunta? Podemos agregar ¿Qué eres? ¿Tienes alguna respuesta? Si es así, adelante! Expresará en voz alta lo que hay almacenado en tu mente. Lo que encuentres es lo que rige y gobierna tus acciones, la forma como te desenvuelves en función de tus conocimientos básicos y fundamentalm ente lo que constituye la base sólida de tus creencias y convicciones. La respuesta debería aflorar sin titubeos, dudas o confusiones, ¿verdad? Supuestamente es el resultado directo de la fe que tienes en ti mismo(a).

La fe es la base de cualquier religión, por tanto originalmente en quien tendrías que creer es en ti, siempre y cuando existas y vivas por tus creencias que en este caso deberían ser tuyas. Si por ahora no tienes una respuesta claramente definida no hay que preocuparse, eso les sucede de alguna u otra forma a todas las personas en determinado momento de su vida. Eso simplemente demuestra que por lo general difícilmente se está preparado para responder a una pregunta tan profunda y compleja como ésta. Sin embargo, si te permites caer en la nube del cinismo, lo más probable es que la respuesta vaga que se presente, satisfaga tu ego y este continúe en el círculo vicioso de la repetición improductiva y la información inexacta, fútil y negativa.

Es fácil tomar una muestra de lo que dicen otras personas al respecto, veamos: "soy un ser humano de car ne y hueso", "soy hijo de Dios", "puedo razonar y nací de la unión de mis padres", dirán algunos. "No soy perfecto pero tengo sueños e ilusiones, creceré, re produciré y moriré"; "si durante mi vida hago cosas buenas iré al cielo y si hago cosas malas iré al infierno" expresarán otros!. Ese tipo de pensamientos y convicciones son frecuentemente vertidos en una gran parte del mundo. La pregunta es: ¿Eso es lo que TÚ también crees? ¿Estás seguro (a) de eso? Si es así, créelo, está bien!, no hay nada de malo con ello pero, créelo! No simplemente digas ni repitas por decir!, como sucede con la gran mayoría.

Lo importante es que conozcas y aceptes lo que estás pensando porque es el resultado de tus convicciones pero, bajo ninguna circunstancia pienses ni creas que estas mal o que es una respuesta "tonta", ni que van a pensar mal de ti o cosas similares! Rechaza la idea de pensar que es incorrecto (a) o cualquier otro sentimiento o pensamiento negativo. De ninguna manera lo estás. Ésa es tu respuesta y es en lo que deberías de creer, sencillamente porque tal afirmación nació de tu propia evaluación y conclusión, no te olvides, es tu propia decisión!

Si en efecto es tu propia resolución, nunca va a estar mal! Es y será siempre parte del proceso que te llevará finalmente a la com prensión total. Más adelante tal vez con el tiempo, tú mismo (a) cambiarás y corregirás si fuera necesario hacerlo. Lo importante es que desde el momento en que conscientemente tus palabras expresaron tu creencia, estas son el resultado de tus convicciones, afloraron en base a lo que hay en tu interior y no como réplica de la creencia de otros; es decir, no fueron sazonadas con los pormenores limitados de la cultura colectiva.

Si tu respuesta o parte de la misma contiene algo de lo que se ha mencionado anteriormente es probable que esto sea como resultado de lo que se ha venido acumulando a lo largo de tu vida. Eso igualmente está bien, hay que entenderlo pero, sobre todo, hay que comprenderlo. Sin embargo, lo que hay que entender y comprender de manera clara y precisa es desde ¿cuándo, cómo y por qué, existen esos conceptos en tu mente? Generalmente, fueron sembrados y alimentados durante los años iniciales de tu existencia por aquellas personas que te rodearon.

Esas personas fueron quienes transmitieron sus ideas, miedos, frustraciones y creencias durante la etapa de tu formación inicial. En casi todos los casos lo hicieron de buena fe, pero, generalmente con una gran dosis de ignorancia. Esos conceptos o ideas como se comprenderá, están y seguirán acompañándote hasta el día en que finalmente caigas en la cuenta de su existencia y decidas, si así lo haces, responder con tus propias palabras lo que creas al respecto pero, no te olvides del daño ni la secuela que pueden haber creado durante todo el tiempo que estuvieron guardados y ejercieron poder en tu mente.

Si por un momento se aquietaran los pensamientos y se entrara en un estado de consciencia absoluta, se observaría con facilidad que los sembradores de tales conceptos alojados en el subconsciente, generalmente son o han sido los padres, familiares cercanos, profesores, m iembros de la iglesia, colegio, amigos, medios de comunicación, mejor dicho, la sociedad en general. Son ellos, quienes durante esa etapa importante del recién nacido ejercen esa influencia que posiblemente mar cará la vida. Algunos lo harán de manera positiva y otros en forma negativa.

No te olvides que durante todo ese tiempo se experimenta una vulnerabilidad total, te encuentras indefenso(a) y aceptas todo lo que se te da, independientemente de si esto es bueno o no para tu for mación y desarrollo. En la mayoría de los casos, simplemente lo aceptas. De esta forma, la influencia que se ejerce consciente o inconscientem ente, determina en muchos casos el resultado de lo que se consigue ser finalmente. En los casos donde el resultado es o ha sido diferente, generalm ente se han presentado manifestaciones de diferente índole, expresándose el rechazo total o parcial de esas influencias. Observa tu caso personal.

La forma como se alimentan los pensamientos que llegan a formar parte de esas convicciones que inicialmente se creen propias pero que en realidad no lo son, actúan de manera condicionada con las circunstancias de la cultura colectiva donde te desarrollas. Cuando se revisan, si alguna vez se hace, se comprueba con claridad que muchas de ellas, son parte de la creencia de terceros; sin embargo, continúan respondiendo por ti como si fueran tus propias convicciones, sencillamente porque no se ha producido una revisión y/o ratificación en todo o par te de tales creencias. Con el tiempo, por lo general esas convicciones se hacen parte de la costumbre o del hábito al cual ya te encuentras familiarizado(a) por lo que, es más fácil creer que tales convencimientos son propios.

Para establecer si esas creencias son el resultado directo de lo que hay en tu interior o si son el refrito de lo acumulado a través del tiempo, es recomendable que hagas una revisión de lo que tienes archivado o programado en el subconsciente. Hazlo, te lo agradecerás. ¿Has pensado o indagado sobre la vera cidad o no de que al momento de nacer todos los seres humanos llegan provistos de los elementos y componentes que requerirán para desarrollarse en armonía con su creación? Si no los traes en el momento de nacer, están ya codificados de alguna forma en tu sistema interior. Con el tiempo se activaran y manifestaran solos, conforme a la realidad que vayas desarrollando.

Lo que hay que observar y comprender es que inevitablemente se asimilará algún grado de "contaminación" involuntaria a través de las acciones que se presentaran durante el proceso, almacenándose progresivamente en la vida del individuo, lo cual afectará su persona, con todo aquello que se "programe" inconscientemente en el subconsciente . Así, natural y sistemáticamente se irá contaminando la esencia del recién nacido, de tal forma que lo perfecto, se convertirá en imperfecto, lo cual será válidamente aceptado por cuanto erróneamente se califica al ser humano como "nacido del pecado" gracias a diversas creencias religiosas.

Con esta idea en mente, acuñada desde el nacimiento, no se necesita ser psicólogo, estudioso ni nada que se le parezca para comprender que es el propio ser humano, el que contamina por ignorancia la esencia del recién nacido, quien es marcado por la "convicción" de esa cultura popular y colectiva la que lo hará en definitiva un creyente de la misma y pagador de por vida o hasta cuando lo decida de un "pecado inexistente", difícilmente comprobado pero que sigue cobrando sus intereses.

Con el tiempo, el contaminado se conformará con "tratar" de ser mejor, siguiendo los patrones o moldes que se le impriman, sin llegar a comprender en la mayoría de los casos que como es en su interior es resultado de una creación, dentro de la cual no hay lugar para lo imperfecto, por tanto, fue creado y concebido en armonía con esa creación, razón por la cual fue y es perfecto, debiendo comprenderlo en su momento. Éste instante es diferente para todos pero, disponible por igual para el que desee buscar y encontrar las respuestas que yacen en su fuente interior desde el momento mismo en que fue creado. Una vez esclarezcas lo que debes encontrar, alcanzar ás la luz que iluminará toda oscuridad en la que puedas haber caminado.

El ser humano guarda en el subconsciente, todo aquello que percibe en forma consciente o inconsciente. En éste caso, el recién nacido ávido de ser alimentado plenamente captará absolutamente todo por medio de sus sentidos, especialmente todo aquello producto de la repetición constante. Para compr ender mejor la idea, imagine que el subconsciente es el disco duro de un computador el cual es la "base " donde se almacenan los datos que finalmente responderán a los comandos del sistema para contestar, conducir y desarrollar un trabajo cualquiera. Por analogía, el ser humano contestará, responderá y se desarr ollará en base a lo que hay almacenado en el subconsciente (percepciones).

En el caso de los seres humanos, cuando se "instala el o los programas", se hace por lo general de manera inconsciente y sistemática durante los primeros años de su existencia. Se desconoce totalmente o se ignora por cultura colectiva que el poder y capacidad intrínseca que posee el ser humano le viene de "fabrica". Mucha gente afirma y repite creer en Dios, es más, aseguran que Dios creó al hombre a su imagen y semejanza; sin embargo, no aceptan ser perfectos, sencillamente porque esa cultura colectiva, es la causante de ésa creencia, la cual a fuer za de repetición y oración, finalmente logra que la mayoría la acepte como válida.

Es que acaso un SER perfecto ¿puede cr ear algo imperfecto? Si el SER humano fue creado en esas condiciones, entonces necesariamente está dotado de la inteligencia infinita al haber sido concebido a imagen y sem ejanza de su creador! Obviamente esta presunción se basa en la creencia de la existencia de un Ser superior, por lo que se podría creer que la existencia personal no es un accidente; sin embargo, es muy fácil confundirse ante la idea de que se llegó al mundo por un percance, si se considera que la mayoría de los niños llegan en circunstancias alejadas de cualquier planificación.

Sabemos que el cuerpo humano es materia, tiene vida, hay movimiento porque hay cor azón, espíritu y mente. De la misma forma en su conjunto, está compuesto de los dos únicos elementos que la ciencia ha comprobado existen en el universo y que no se pueden destruir simplemente transformar: Materia y Energía. Por tanto, si está probado que la materia y la energía no se destruyen sino que se transforman, quiere decir que científicamente está demostrado que no mueren! entonces, ¿por qué resulta tan difícil comprender y aceptar que lo mismo sucede con el ser humano? No Muere!, Solamente se transforma, sencillamente porque la vida no se puede acabar!

Como ves, se puede empezar a ver y entender mejor las cosas, comprendiendo mejor el porqué de las mismas. Esto es posible solamente si permitimos que la interpretación o el sentir salgan del interior y no de la repetición inconsciente de todo lo que se almacenó en tu subconsciente a través del condicionamiento. Todos los seres humanos estamos expuestos a este proceso de contaminación que indudablemente afecta a unos más que a otros; sin embargo, todos tenemos la capacidad y poder como para comprender y buscar ese camino que no está nada lejos de ti mismo (a).

Observa si alguna de las respuestas más comunes que se mencionan a continuación guarda relación con lo que tienes entre tus pensamientos más escondidos. Si encuentras al menos una que se identifique con la tuya, ten la plena seguridad que puedes seguir leyendo con toda confianza. Te puedo asegurar de que en éste contexto, encontrarás que eres muchísimo más que todo esto!

"Soy una persona común y corriente, de carne y hueso" "Tengo problemas como cualquiera y tengo que esforzarme para ser mejor" "Detesto mi trabajo pero que voy hacer, la vida es así! "No tengo lo que me gustaría tener pero, debo conformarme con lo que tengo" "Soy pobre pero, honrado (a)" "Soy una persona que sufre pero, debo de seguir adelante por mis hijos" "Soy un ser humano con sentimientos, con errores y virtudes, nadie es perfecto!" "Soy una persona que siempre hago lo que puedo, pero nunca es suficiente" "Soy una persona promedio, pero reconozco que hay otras mejores que yo" 'Soy una persona con mala suerte, todo me va mal" "Soy una persona que ha nacido para sufrir, la felicidad no se ha hecho para mí" "Soy una persona que no pidió venir al mundo, no se para que me trajeron" "Soy una persona buena, pero nadie me comprende" "Soy una persona luchadora pero, nunca me salen las cosas como quiero" "Soy una persona buena y honrada, busco mi felicidad pero, los hombres o las mujeres que he conocido no me han valorado" Soy una persona que ha cometido muchos err ores, quiero cambiar pero no puedo" "No entiendo por qué me sucede todo esto a mi" "Soy una persona que ayuda a todos pero, a mí nadie me ayuda en mi vida" "Soy una mujer con deseos y aspiraciones" Soy un hombre que quiere triunfar" "Soy alguien que quiere alcanzar la felicidad" 'Soy un buen esposo pero, no soy feliz" Soy una mujer fiel pero, no me siento amada" "Soy una buena persona pero, nadie me valora", "Soy un buen trabajador (a) pero, esto no es para mí. "Soy una persona que trata de entender a todos pero, a mí nadie me entiende para nada" "Soy un buen padre o Madre pero, mis hijos no me valoran". Soy un buen hijo (a) pero, mis padres no me comprenden".

Como ves, podría seguir mencionando miles de expresiones como éstas pero al final de cuentas, ninguna responde a la pregunta ¿quién eres?, en todo caso, respondería tal vez a la inquietud de ¿quién eres para los demás?
¿Qué significas para otros? pero recuerda, acá la pregunta no es ésa, la pregunta es ¿qué eres? ¿Quién eres?, ¿te das cuenta que no tienes la respuesta concreta? ¿Por qué? Ésa es nuevamente la pregunta! Simple, porque siempre vives y piensas en función de los demás! Te olvidas de ti, siempre lo has hecho a pesar de que tú eres el eje central! Por el condicionamiento de la mente vives en función de los demás, actúas y te desenvuelves por y para los demás pero, te has olvidado de tu esencia, te has olvidado de ti.

La respuesta que estás buscando la encontraras precisamente ahí, en tu interior solo tienes que ingresar en ti y ver lo que hay dentro, te sorprenderás al comprobar por ti mismo (a) lo que eres! Tal vez, si quieres ensayar alguna respuesta más acorde con la realidad y los datos estadísticos, podrías decir precisamente eso que eres una persona que forma parte de las estadísticas, una de esas personas víctimas de la sociedad y de los medios de comunicación, sin vocación de servicio.

O tal vez eres una de esas personas que forman parte de un gran porcentaje de seres humanos que tragan químicos recetados por los médicos diariamente sin hacer nada para evitarlo o eres un SER que vive por que tiene que vivir pero, sin importar que es lo que hagas para bien o para mal. O eres un SER que deambula por el m undo sin rumbo fijo, sin saber quién es y a dónde se dirige!

Encuentra un espacio, un lugar, detén tu ritmo "normal" de vida y aprende a concentrarte en ti. Trata de alejar o detener los pensamientos por un instante, únicamente piensa en ti. Observa tus pensamientos ¿ellos son tú o, tú eres ellos? Deja de pensar en todo lo innecesario, piensa en ti. Ignora por un momento tu sexo, tu religión, tu estado emocional, desconoce si eres padre o madre de familia, hijo(a), hermano(a), sobrino(a), primo(a), tío (a), novio(a), esposo(a), amigo(a), amante, pastor(a), cura, político(a), empresario(a), empleado(a), estudiante o practicante, únicamente piensa en el momento que es ahora, el único momento en el que sucede todo. Piensa en ti. ¿Qué eres? ¿Quién eres?

Eres lo que eres! Eres único (a)!,
Eres eternamente permanente! Eres cambio y realidad! El cuerpo físico que tienes ahora en esencia no es el mismo que tenías al momento de iniciar la lectura. Eso es lo que eres! Para ayudarte a comprender mejor todo esto, voy a compartir estos datos importantísimos que el Dr. Deepak Chopra mencionó en una de sus famosas exposiciones y que tomé nota por lo revelador de sus afirmaciones.

Decía, "diariamente, en todo momento hay millones de células que mueren, tu piel no es la misma que tenías hace tres meses!. ¿Hace cuántos años respiras? ¿Sabías que en cada respiración inhalas mil elevado a la potencia 22 átomos del universo? ¿Cuántas inhalaciones tienes por día? ¿Cuántos días o años han pasado desde que comenzaste a respirar? ¿Es una cantidad astronómica verdad? En cada inhalación estas aspirando mil elevado a la potencia 22 átomos que tienen su origen en todas partes de dentro del cuerpo físico, inhalas y exhalas partes de los órganos, tejido y estructura de ADN. En otras palabras, se comparte íntimamente la estructura interior unos con otros todo el tiempo, por lo tanto, no hay exclusividad en tu cuerpo, tu cuerpo físico tiene más de un millón de átomos que estuvieron una vez en el cuerpo de todos los demás. En poco menos de un mes, un cuadrilón de átomos ha pasado por tu cuerpo, los mismos que han pasado por los cuerpos de todas las otras especies vivientes en el planeta. Según estudios científicos el 98% de todos los átomos de tu *cuerpo se remplazan en menos de un año". ¿Entonces? Qué eres? ¿Eres un cuerpo físico? Pues claro que no!*

Tu cuerpo físico muere constantemente, cada átomo de tu cuerpo es remplazado en menos de dos años, por lo tanto, eres más que un cuerpo físico! Puedes pensar que eres la creación hecha realidad. Puedes pensar que eres una parte de la vida, de esa gran vida que es Dios. Puedes pensar lo que realmente desees, la idea es que lo hagas! Piensa ¿qué es lo que eres? La respuesta a esa pequeña gran pregunta te corresponde despejarla, encontrar su sentido, hacerla tuya. No es fácil hacerlo, ¿quién dijo que lo fuera?, pero tampoco es difícil, únicamente hay que estar en la disposición de creer en uno mismo. Puedes hacerlo, sobre todo si empiezas a comprender que hay algo más detrás de todo lo que te han condicionado a pensar y creer a través de la vida del mundo.

Atreverse a encontrar una respuesta en la convicción de que ésta se or igina y viene de ti, siempre va ser una motivación especial. Al hacerlo, sentirás esa alegría y confianza interior que es difícil describir con palabras. Una vez obtengas la contestación a tu interrogante, jamás olvidaras que empezaste a ver y a vivir con otra perspectiva desde aquel día, porque vivirás desde ese momento por y para esa razón.

Los distintos sistemas imperantes en el mundo han logrado que sus sociedades se desarrollen al ritmo que las mismas han impuesto con el transcurrir del tiempo. Los seres humanos que constituyen la sangre de esas sociedades, inteligentemente han sido arrastr ados por una fuerza de ideas y pensamientos inteligentemente presentados de la mejor forma para ser aplicados y aceptados como parte de la evolución y el cambio.

La inercia que es mejor percibida cuando reina la falta de voluntad, colabora sumisa en todo ese proceso, facilitando la incapacidad de respuesta individual con acciones prácticas, concretas y todo esto, como consecuencia directa de la falta de identificación con uno mismo.

Resulta difícil expresar alguna contestación cuando se carece del convencimiento de lo que se pretende confirmar; sin embargo, la naturaleza intrínseca del ser humano cuenta con esa fuente inagotable de respuestas que se desconocen precisamente por el trabajo efectivo del condicionamiento. Cuando se llega a penetrar la intimidad del ser, las soluciones comienzan a invadir la imaginación encontrándole sentido a todo.

Uno de los grandes problemas que confronta el ser humano en sus diferentes etapas es la constante incertidumbre basada en imprecisiones acumuladas a lo largo de su existencia y que pare cieran ser suyas. En la práctica, las personas suelen restarle impor tancia a este encuentro personal sencillamente porque no han sido preparadas para eso. Por lo general, se resisten al sentir el llamado de la necesidad que clama a gritos silenciosos por el placer que representa la idea de cruzar la puerta de entrada a esas muchas afirmaciones que deleitan el espíritu con la vibración del conocimiento que afianza su individualidad confusa.

Al ingresar por esa puerta imaginaria de la vida, la sintonía con lo divino se convierte en realidad, logrando armonizar el espacio interior de tal manera que toda vibración procedente de esa fuente ilumina positivamente el entorno, a la vez que la simetría del encaje hace vibrar el equilibrio abstracto de la naturaleza de la cual for mas parte.

Cuando la consciencia consigue prevalecer en la idea todo cambia en fracción de milésimas de segundos. Se siente y se ve diferente, las cosas lucen relucientes, el miedo y la incertidumbre se desvanecen. El momento se percibe interminable, se experimenta despierto que el pasado no existe y que el futuro todavía no ha llegado, de manera que se disfruta la dicha de solazarse de la propia vida, sin reparos, sin temores, se comienza entonces a experimentar una prudencia especial con el tiempo, el espacio y el SER.

El presente eterno se manifiesta con todo su esplendor opacando cualquier vestigio del pasado o del futuro inexistente. ¿Quién eres?, es y seguirá siendo la interrogante hasta que tus propias convicciones no dejen espacio a la duda. No tengas ningún temor ni preocupación en llegar al fondo de esa autenticidad que anhela la claridad del día. Ingresa en tu hum anidad y descubre la grandiosa ignorancia que descansa plácidamente en tu cuer po desconocido.

A diferencia de cualquier conquistador en busca de riquezas y nuevos dominios en tierras ignoradas, atreverte a dominar tu propia circunstancia, convencido (a) de que encontraras la hermosura y excelencia de tu mundo escondido que te ofrece fundamentalmente hallar tu propia identidad perdida. Al encontrarla, descubrirás que es tu propia afinidad la que por razones ya mencionadas se disipo en el camino de tu vida haciendo posible que tal vez caminaras sin experimentar la sensación que ofrece el ser tenedor de un bien.

Si por el contrario, tal vez percibiste todos estos años las vicisitudes propias que afligen a cualquier inquilino. Lo irónico del caso es convertirse en arrendatario en su propio dominio, transformándose en uno (a) más de todos aquellos que deambulan por el mundo sin rumbo ni destino, pero que con su incertidumbr e forman parte de esa fuerza humana que cada día se aleja de su propio origen, emocionándose más frecuentemente de las llamadas modas u olas ilusorias de la vanidad que únicamente nutren y contentan al ego de su alimento natural que son negatividad y falsedad.

Se piensa y se actúa sin originalidad mientras se carece de identidad. Es fácil convertirse en imitador de imitadores, engrosando de esta forma las tradiciones que puedan venirse arrastrando en la creencia de que se parte de lo propio, como generalmente así sucede. Millones de personas en el mundo subsisten siguiendo un formato no propio, lo cual constituye un calco proveniente en casi todos los casos de quienes le antecedieron.

Se prolonga la vida en muchos casos bajo guiones escritos o inventados de autores desconocidos que olvidaron tal vez considerar la esencia misma de la hum anidad. Observamos claramente cuando dos seres humanos con características similares, responden de manera diferente ante un mismo estimulo. La respuesta revela la originalidad del SER, el cual puede estar expuesto a factores similares, ingerir igual contenido etc., pero, finalmente sus resistencias demuestran ser completamente diferentes para cada uno, mostrando así, su innata originalidad .

El día que se comience actuar por iniciativa propia, desprovistos de cualquier dosis de imitación, exentos de repeticiones infundadas y con evidente albedrío, se conocerá en forma práctica que los nuevos vientos sacudirán y se llevaran consigo a esos guiñoles de la sociedad que se agazapaban bajo su sombra. Ahora, tienes la excelente oportunidad de efectuar un cambio sustancial en tu vida. Podrás hacerlo si así lo decides; el tiem po, te hará comprender luego que esas cosas podías hacer ya que eran personales e internas.

La mayoría de personas en el mundo anda escudriñando muchas veces sin saber qué ! La búsqueda constante de "eso" que le permita cambiar, se convie rte en una constante inalcanzable, precisamente por lo indefinido del propósito. Cuando se llega a observar y comprender que todo cambio real es resultado directo del trabajo interior, se comprende mejor que todo esfuerzo contrario, resulta vano.

Si se intentase obtener la transformación en la estética de un árbol, probablemente se empezaría cortando las hojas de ese árbol. Obviamente, se observaría un "cambio" casi inmediato; el árbol lucirá completamente diferente pero, se llegaría a comprender luego que la diferencia percibida es temporal, ya que en su momento, las hojas volverían aparecer en el mismo lugar y de la misma forma que lo hacían antes de que fueran cortadas! Si en verdad lo que se pretende es ganar algún cambio definitivo en ese ser natural, las acciones tendientes a lograr modificaciones efectivas serán aquellas que se efectúen desde y sobre la raíz; solo así se podrán obtener alteraciones permanentemente seguras.

En los seres humanos, el espacio donde es posible realizar cualquier variación eficaz se encuentra en su interior, donde favorable y concretamente se consuman las acciones que sirven para alcanzar los fines que se persigan. Llegar al entendimiento y comprensión de esa sabiduría, abre las puertas del conocimiento dejando a la ignorancia en el camino y en toda libertad para la exploración natural.

Te sorprenderá cada portento que irás atrapando durante tu recorrido, el cual no abandonaras fácilmente, por el contrario, la forma evidente y convincente de saber que hallaste lo que buscabas, se revelará cada vez que el deseo voraz del regocijo retro alimente tu interior con la alegría indescriptible de la vibración pura.

Los seres humanos hemos sido creados para certificar la validez del universo del cual somos parte inherente. Al llegar esta pregunta hacia ti, no importa el estado en que te encuentres, edad, situación o factor alguno que te impida observar su profundidad y encontrar y/o buscar tu respuesta original, la que tu entendimiento, madurez y desarrollo te ofrezca. ¿Quién eres? Nadie mejor que tú para responder esa interrogante. ¿Qué sientes que eres? No permitas que el condicionamiento de tu mente responda por ti.

Despercudirse de cualquier idea o pensamiento que se tenga almacenado en la mente siempre será recomendable y saludable. Respirar profundamente y percibir el aire que tranquiliza los sentidos, aliviara cualquier momento. Ser consciente de tu presencia, advertir el espacio que ocupas, observar tu mente, tom ar consciencia de que tú no eres tu mente, te ayudará profundamente.

La mente es parte de tu cuerpo como lo es tu espíritu. Tu cuerpo no es tu espíritu, pero es parte del mismo. Responde ahora, ¿quién eres? Eres eso que tal vez no puedes ni sabes definir con palabras pero que si estás en el convencimiento pleno de sentir. Percibes tu existencia, observas su presencia, más sin embargo, te resulta complicado definirlo como le sucede a todos!

La pregunta es ¿por qué sucede eso? Sencillo! Porque no estamos acostumbrados y menos, preparados para discernir sobre algo tan importante como el origen de uno mismo. Consecuentemente en la práctica, se vive porque sí, pero en realidad no se llega a saber por qué ni para qué se vive, simplemente porque se desconoce con propiedad ¿quién eres?

Generalmente, los seres humanos son preparados para trabajar, obtener algún grado académ ico o profesional y tantas otras cosas que en realidad al observarlas conscientemente no llegan a servir de mucho en la vida de las personas ya que en la práctica, se le prepara para todo, menos para lo que sustancialmente resulta importante en la vida de los individuos. Se instruye a las personas en el conocimiento de las artes, ciencias, religiones, historia, derechos y obligaciones, soslayando lo fundamental en cuanto a su naturaleza, origen y razón.

El condicionamiento del pensamiento queda al descubierto evidenciando intereses ocultos que difícilmente son desvelados por las personas ya que los propios pensamientos acumulados a través del tiempo se encargan de minar esas esperanzas, haciéndoles creer el despropósito del intento. Se utiliza con torpeza la idea de instruir y preparar a las personas en áreas que funcionalmente resultaran engañosas en la vida diaria de los individuos.

Se teme o intencionalmente se evita estimular al cerebro con la información apropiada, favoreciendo inútilmente el desarrollo indeseado de uno de los órganos más valiosos de la especie humana al punto de que en la actualidad se utiliza menos del 10% de su capacidad real.

No se enseña y menos se prepara adecuadamente a las personas en la tarea de cultivar hábitos positivos de observación, meditación, reflexión, etc. Se le condiciona para que responda automáticamente ante los estímulos a los cuales es expuesto, haciéndose de esta práctica una regla común y de sentido ordinario. Sin considerar que muchas de las respuestas importantes en la vida del individuo, son resultado de la observación, reflexión y armonía interior que experimenta la persona.

De que vale o sirve que una persona aprenda a desarrollar un oficio, si en el fondo no sabe el por qué y para que del oficio! De que le sirve a la persona obtener un grado profesional o académico, si luego no puede responderse con juicio el por qué y para que aprendió eso o aquello! En estos casos se aplica de manera práctica y objetiva como sucede hoy en día con millones de estudiantes y personas en el mundo que solo pueden obtener el resultado de una operación matemática elemental utilizando una calculadora, de otra forma les resultaría imposible efectuar una operación aritmética de cuatro cifras. Los jóvenes aprenden a realizar operaciones matemáticas para distinguir los números y sus valores pero, casi siempre llegan a desconocer el valor real que estos tienen.

Saben acaso esos jóvenes graduados de diferentes centros educativos ¿cuál el valor real del dinero?

Conocen el costo del dinero? ¿Utilizan en su vida diaria los conocimientos que aprendieron en el colegio o la universidad par a manejar sus tarjetas de crédito? ¿Tienen alguna noción cabal del significado del interés compuesto? ¿De los porcentajes periódicos de intereses?.

Si cambiamos de materia y nos enfocamos en el análisis de la causa de las enfermedades ¿se puede ubicar con facilidad en qué etapa de la formación académica de ese ser hum ano se incidió en el conocimiento e importancia del cuidado de la salud? ¿Se puede ubicar con facilidad en qué momento se hizo conocer al individuo sobre los riesgos y desventajas que implica la ingesta inadecuada de azúcar y sal en el organismo humano? ¿Se prepara realmente a las personas en el conocimiento práctico de ese tópico? ¿Qué es lo que sucede en realidad? ¿Hacia dónde están enfocados los intereses?

Si nos enfocamos en el análisis de las relaciones humanas ¿qué es lo que se encuentra? Si desconoces en esencia ¿quién eres?, ¿cómo vas a llegar a saber qué es lo que quieres y para que lo quieres? Volvemos a caer en la profundidad de la interpelación personal. Para saber qué es lo que se busca o se quiere hay que conocer necesariamente qué es lo que se es! Si se profundiza más en la observación es fácil percibir como un gran número de personas tienen la idea o la noción de lo que es el cuerpo humano pero, en realidad desconocen casi totalmente cómo funciona!

En otras palabras, el ente pensante, desconoce su naturaleza y sus potencialidades, simplemente porque desconoce su propia existencia o no la valora como tal. ¿Cómo saber o conocer de lo que se es capaz si se ignora la capacidad del SER que hace posible el pensamiento? ¿Quién eres?, es y será el punto de partida desde donde necesariamente tendrás que iniciar el recorrido por el camino que te propongas transitar. Cuanto más claro y convincente te resulten los argumentos que broten de tu interior, más certero será cada paso que des en la dirección que te hayas trazado.

2

¿Por qué y para qué estás aquí?

Ahora que comienza a fluir internam ente algo nuevo que transmite una energía inédita, sentirás como esta pregunta viene fácilmente a ti! ¿Por qué y para qué estás aquí? La ventana que acabas de abrir conscientemente al contestar o comprender ¿quién eres?, admite responder igualmente todo cuanto se siga presentando en ese sentido por cuanto voluntariamente estás creando una oportunidad al creer en la validez y legitimidad de las preguntas. Puedo asegurarte en este contexto que al final de la lectura, estarás en mejor disposición de encontrar lo que buscas, para ello será necesario entrar en sintonía con tu SER, para de esta forma cosechar lo deseado o lo que estés imaginando. Confía en ti, no subestimes tu inteligencia. Entregarse al propio escrutinio es muestra de integridad. No olvides que "A quien toca, se le se abrirá"!

En la vida, los seres humanos experimentan un sin número de hechos y situaciones que influyen de manera directa e indirecta en el desarrollo de su existencia. A menudo, solemos recordar episodios impensados sin que estos tengan nada que ver con lo relevante o no de los hechos sucedidos; lo cierto que al experimentarlos consciente o inconscientemente dejan rastro en nuestra vida pudiendo ser estos positivos o negativos.

Resulta agradable recordar situaciones felices porque recrean emociones y momentos saludables con mensajes entendidos o no, pero cargados con dosis de vitalidad y energía difícilmente rechazada. Los momentos felices, tienen la particularidad de recargar a cualquier persona cada vez que ésta los reconstruye en su mente, sin importar el momento en que se haga toda vez que al volver a experimentar la emoción positiva generalmente olvidada, lo que se hace es revivirla, reiterando las implicaciones auténticas de esas vibraciones agradablemente sentidas.

Esa acción provechosa, continuará generando energía saludable todas las veces que se revivan esos momentos sencillamente porque fueron realizados en el presente y siempre serán recordados en el único ahora que en realidad existe. Gracias al condicionamiento de la mente, estos recuerdos o pensamientos son etiquetados como parte del pasado, sin comprender que nada sucede ni en el pasado ni en el futuro. Todo sucede siempre en el presente eterno, del cual podemos ser conscientes cuando actuamos y vivimos en él que es el ahora! ¿Te gustaría hacer una práctica? Vamos, hazlo para que te convenzas!

Si recuerdas algo del pasado ¿en qué tiempo lo estás evocando? Lo estás haciendo ahora ya que no hay otro tiempo en el que puedas hacerlo! Siempre fue, es y será así; es en el ahora que es el presente eterno. Es en el único tiempo en el que realmente suceden las cosas, ahora! Si caes en el juego de la m ente, ésta pensará y te hará creer que fue o sucedió en el pasado! Sin embargo, déjame decirte algo. Fácilmente se olvida que aconteció en el presente de ese pasado! No pudo suceder en otro momento!

Al tiempo de evocar el pasado, lo estás haciendo en el ahora que es el presente, porque no se puede hacer en otro tiempo! Es imposible recordarlo en el pasado! El pasado únicamente está en tú mente! Duerme y descansa permanentemente en tu entendimiento. Si quieres seguir permitiendo que tu mente siga jugando, ésta no tardará en preguntarte y ¿qué pasa entonces con el futuro? Pues pasa exactamente lo mismo! Todo sucederá en el presente de ese futuro, es decir en el presente de ése mañana que todavía no ha llegado. No hay otro tiempo en el que pueda suceder. Así es, así ha sido y así será por siempre.

Por otro lado, resulta poco o nada saludable hacer lo mismo con los momentos infelices o desagradables, especialmente si estos no han sido entendidos al instante de guardarlos con indulgencia en el subconsciente. Cada vez que se recuerda un hecho desagradable, se experimenta una dosis similar a la negatividad que se sintió al tiempo de vivirla originalmente lo cual, inevitablemente desequilibra emocionalmente a la persona que efectúa la acción de recordar; mientras que es probable que la persona que dio origen al malestar, posiblemente desconozca las consecuencias de su acto o sencillamente, lo haya olvidado y este disfrutando ahora de otras emociones más placenteras ignorando por completo lo sucedido.

Desafortunadamente existe la tendencia habitual de darle a esos recuerdos más importancia de los que en realidad tienen o merecen. De tal forma, mucha gente consume gran parte de su tiempo "rumiando" esas emociones negativas que no hacen otra cosa que acrecentar estremecimientos de similar equivalencia par a la persona que lo utiliza.

La vida enseña que luego de haber vivido cualquier hecho, lo saludable y recomendable sería aprender a dar gracias por lo "sucedido" sin importar si fue bueno o malo lo acontecido; basta el hecho de haber ocurrido para dar gracias! La existencia con su infalible e imperturbable paciencia se encargará de mostrar con hechos lo que inicialmente es casi imposible ver; dará las pautas de cómo sucedieron las cosas permitiendo que los que aprenden a ver, comprendan mejor por qué sucedieron las cosas de tal o cual forma. El recrear, analizar y entender estos hechos, permiten comprender igualmente la relación directa que existe entre las acciones y los resultados.

Indudablemente no es nada fácil hacerlo ¿quién dijo que lo fuera? Es más, podemos afirmar que bien lo sabes, com o lo sé yo y lo sabe la mayoría de personas en el mundo. Es difícil qué duda cabe, pero no es imposible observar, entender, comprender y cambiar. Lo importante es que como seres humanos, somos más que eso y que cualquier otra cosa, por tanto, podemos dar gracias por los momentos felices e infelices que se vivieron, es cuestión de aprender hacerlo!

Dando gracias por la infelicidad momentánea o circunstancial apre ndemos a entender y comprender mejor la vida, se rompe de esta forma el círculo de la negatividad. Lo negativo no puede alimentarse de lo positivo por tanto únicamente busca generar más negatividad para de esta forma seguir subsistiendo y eso es precisamente lo que la mayoría de personas generan incluso sin proponérselo.

Nada sucede al azar o por casualidad, los hechos se dan como resultado directo de lo que se hace o se deja de hacer en algún momento de la vida, es la ley universal de causa y efecto que bien sabemos todos!

La infelicidad o las situaciones ingratas, cuando son bien analizadas y entendidas, enseñan a sobreponerse ante momentos difíciles, fortaleciendo el interior de la persona, recargando su espíritu en forma positiva. Permitirse caer en el juego de la mediocridad, lamentándose por lo que le sucedió o sucede sin llegar a comprender lo que pasa, es negarse la oportunidad de aprender, desarrollarse y dar gracias por todo lo que se vive. Solo así es como se puede crecer y evolucionar. Solo así es que empezamos a darnos cuenta del por qué y para que estamos aquí.

La vida igualmente enseña que las acciones negativas luego de vividas y comprendidas deberían ser aprendidas para no pensarlas y dejar de traerlas a la mente, porque sencillamente corroen el espíritu, minando su energía atacando su estabilidad emocional. Son innecesarias, dañan y afectan al SER que al final de cuentas es la fuente de donde emana todo lo que se es!

Cuanto más rápido se aprenda a identificar, neutralizar, encarpetar y guardar estos pensamientos indeseables, resultara más fácil ingresar a un franco proceso de cambio real por cuanto se comenzará a contr olar lo único que en verdad uno mismo puede controlar : sus pensamientos!

Lo que hay que tener en consideración es que los momentos, independientemente de que sean buenos o malos, siempre son y serán portadores de mensajes. Difícilmente se comprende inicialmente el mensaje que brinda un hecho, generalmente esto se log ra hacer con el tiempo, luego de reflexionar, meditar y analizar lo acontecido, utilizando todo aquello que no se puede percibir con los ojos, como comúnmente se hace al comienzo de toda acción.

Aprender a reconocer los mensajes es parte del desarrollo y crecimiento personal, porque independientemente de que las situaciones luzcan buenas o malas, los mensajes estarán ahí y cuanto más rápido sean reconocidos, más sencillo será aprender, entender y agradecer por lo que se tiene o está viviendo.

Inicialm ente se piensa que una acción negativa, una desgracia o cualquier situación incómoda o desagradable es mala, dañina, injusta o perjudicial para el que la vive o la sufre, por lo que resulta fácil confundirse luego. Es el tiempo, quien se encarga de demostrar que en la mayoría de los casos, tal experiencia fue necesaria que se diera para dar vida a lo siguie nte, de lo contrario no sucedería lo que sucedió y no se hubiera realizado lo que luego se hizo.

Si se piensa en todo esto, surge la interrogante de ¿por qué y para qué se dan o suceden las cosas? Obviamente cada quien debe tener o encontrar su respuesta. Sin duda se puede discutir o coincidir con otras cosas, con intención de crecer y desarrollarse personalmente, sin hacerle el juego a la negatividad que así se alimenta y vive inconscientemente.

La práctica nos demuestra que ¿se entiende y comprende así? Desafortunadamente la experiencia común revela que una gran mayoría no lo entiende de esa manera, sencillamente porque esa multiplicidad ha sido condicionada a lo superficial, lo etéreo, a todo lo que llena, pero que no nutre.

En este mundo de los nombres y las formas lo que más importa es precisamente eso, las apariencias, aunque éstas luego se deformen y muestren que no eran lo que parecían inicialmente. Lo dulce se vuelve amargo y lo bonito se pone feo. Lo que antes gustaba ahora no se desea y lo que se quiso en el pasado, ahora puede ser cualquier cosa menos el mismo deseo que dio origen a ese querer.

La belleza física y las caras bonitas desaparecen, se transforman llevándonos al convencimiento de la carencia de esa permanencia inexistente que transporta a la verdad absoluta de que no somos lo mismo que éramos hace una semana o hace dos años, como nos han hecho creer. Somos mucho más que todo eso. Es tiempo de que lo sepas!

Por lo general es práctica común, agradecer por todas las cosas buenas que se reciben o se obtienen en el día a día o en el transcurso de la vida. Se agradece por la salud, dinero, amor, trabajo y todo lo que signifique o represente "felicidad" o bien estar según los paradigmas de quien agradece. En otras palabras si se agradece, se hace por todo aquello que signifique, represente y "haga sentir bien" al agradecido o, los que para el mismo merecen "ese sentirse bien".

Como parte de esa práctica "común" difícilmente se agradece por los problemas, las cosas "malas" o "negativas" que sucedieron o están sucediendo. Se desconoce y niega de esta forma el reconocimiento de que todo es parte de la vida misma. Antes de llegar la luz del nuevo día, las tinieblas de la noche siempre están presentes pero, no por eso se debe de pensar que el día es malo y se debe dejar de dar gracias por la nueva oportunidad que brinda el amanecer .

Los problemas como suelen llamarse o las situaciones adversas tienen un significado y efecto especial en la vida de las personas. Aprender a descubrir o lle gar a conocer su significado resulta imprescindible para el crecimiento y desarrollo de la persona. Dependerá m ucho de cómo se vea o perciba el asunto para entenderlo, actuarlo, comprenderlo y superarlo. Surge entonces la idea de preguntar, ¿Dónde están tus lentes? ¿Con qué ojos, con qué lentes, bajo cuál óptica estás realmente viendo y entendiendo las cosas que vives y actúas?

Generalmente, los problemas como suelen verse o entenderse no son más que oportunidades que se presentan en la vida de cualquier persona. Será la información que se haya acumulado y los paradigmas de vida que se tengan en el interior los que finalmente influirán de manera directa en la aceptación o no y en la definición del acontecimiento como un problema o como una oportunidad.

El tomar conciencia de lo que sucede, independientemente del por qué y para qué sucede, ayuda a entender y comprender mejor lo que está pasando. A la vez, permite conocerte y desarrollarte mucho mejor. Tomar conciencia de todo aquello que sucede, permitirá que desarrolles el hábito del agradecimiento. Independientemente de si lo que ocurre es bueno o malo, solamente el hecho de que se produzcan ya es beneficioso para ti y todos los demás.

El ser humano no está solo, nunca lo ha estado.
No es una isla ni nada que se le parezca. Es parte de un todo y como tal debe aprender a comprender que hay cosas que puede y tiene que controlar, de la misma forma como que hay otras, en las cuales no se tiene dominio alguno y se deben conocer bien para no caer en ningún tipo de frustración.

Muchas veces nos entrampamos en esa disyuntiva, desconociendo que genera una serie de efectos negativos en nuestra persona y las que nos rodean. Si se toma conciencia de la existencia de lo que le sucede en las áreas de la salud, dinero, amor, trabajo y en todas las otras áreas de la vida, llegaras a comprender mejor tu rol y las expectativas que tengas. Dar gracias por la salud o por la falta de ella es un acto voluntario que permite tomar conciencia de tu existencia logrando sentirla, lo cual te llevará a respetarla, amarla, valorarla y cuidarla mejor.

Típicamente se piensa que las desgracias y las penas llegan o llegaran pero, a la casa del vecino, más no a la propia, hasta el día que desafortunadamente sucede lo contrario y vienen sin invitación com o siempre y es cuando realmente se aprende a confrontarla, sin saber cómo!

Las adversidades, así como la muerte, son los únicos asistentes que llegan siempre sin convocatoria, por lo general se aprende a lidiar con ellos al momento de su indeseada e invariable aparición. La actitud de valorar lo que íntimamente es nuestro nos recar ga de tal forma que comenzamos a ver y a entender la vida desde otra perspectiva mucho más profunda.

Nadie conoce ni sabe realmente de la importancia de la salud hasta el día que la pierde. Si lo has experimentado, sabes de lo que estoy hablando y si no lo has hecho todavía, llegará el día en el que sin duda recordarás estas palabras.

Cuando desafortunadamente se pierde la salud, hay que agradecer por esa experiencia de vida, porque es en ese preciso momento, lo quieras o no, tomaras consciencia y valoraras en toda su dimensión eso que tal vez hasta ese momento incluso desconocías.

Se aplica en esos instantes el refrán popular que dice "nadie sabe lo que tiene hasta que no lo pierde". El sentimiento de solidaridad empieza a definirse manifestándose en ti en forma clara. Se llega a comprender su significado en forma eminentemente práctica.

No se necesitan diccionarios ni explicación alguna es más, se podría dar charlas sobre el tema, porque se llega a comprender que siempre habrá millones de personas en el mundo que probablemente estén en una situación mucho más desfavorables que la tuya.

Ahora sí lo comprendes bien, porque lo viviste y experimentaste, sabes perfectamente lo que significa! No necesitarás que nadie te lo diga ni te lo cuente! Se comienza entonces a entender y comprender mejor el sufrimiento y dolor ajeno porque lo sentimos como si fuera nuestro. Se ha asimilado, se ha sentido, se ha vivido, se comprende!

Sin duda, el crecimiento espiritual es instantáneo, por que se llega a conocer la sensibilidad en forma práctica, se es consciente de ella, se está presente ante su presencia de una manera consciente sin importar la edad que se pueda tener solamente se vive y se aprende!

Cuando se piensa o se habla de la vida se comienza a concluir que cada quien puede y de hecho debe tener su propia definición acerca del tema. Sin embargo, a pesar de todo lo mencionado, la experiencia dice que no se tiene una idea clara y menos una respuesta categórica como resultado de las convicciones individuales. No estamos preparados para los temas o preguntas difíciles, es mejor no pensar en eso, es "mala suerte" casi siempre es la respuesta popular.

De donde viene ese miedo para confrontar la realidad y ¿por qué? ¿Por qué no se enseña algo tan importante? ¿Por qué en los años iniciales no se da información al respecto para que el ser humano crezca y se desarrolle en función a esa inquietud que solamente puede ser despejada por uno mismo, una vez se comienza a pensar y actuar conscientemente? Es tal vez el inicio o ¿parte del condicionamiento de la mente?.

La invitación es para que pienses en el tema, deja fluir todo lo que exista al respecto, luego concluye con una respuesta clara y fundamentada. A muchas personas les toma casi toda la vida encontrar su respuesta, otras prefieren omitir la pregunta y simplemente viven la vida o permiten que la vida transcurra sin hacer nada al respecto pero, tú que estás leyendo, qué piensas, ¿cuál es tu respuesta? ¿Crees que estás acá por alguna razón? ¿Sí o No? Atrévete a encontrar tu respuesta! Éste es el punto de partida, en realidad es donde comienza todo.

La respuesta que tengas acerca de ti mismo(a) con relación a ésta interesante y profunda pregunta, marcará lo que conocemos como destino. ¿El destino está escrito o lo escribimos con cada una de nuestras acciones? Observa, pero no lo hagas con la mente. Encuentra tú respuesta, créeme te hará mucho bien.

La existencia de un SER superior resulta cada vez más innegable. Científicamente está demostrado que la tierra tiene miles de millones de años y que la vida en el mundo es tan antigua como el planeta mismo. Si la tierra fue creada por accidente, el Big Ben o como resultado de un plan inteligentemente desarrollado por una inteligencia infinita, es y seguirá siendo materia de investigaciones y controversias que se dan sobre ese particular, lo cierto es que la tierra continúa su evolución y desarrollo conforme a las leyes de la naturaleza.

Si el ser humano fue creado por DIOS o fue el resultado de la evolución de las especies, según la teoría de Darwin, es y seguirá siendo igualmente materia de discusión. Siempre existirán esas dos corrientes, una filosófica-espiritual y la otra científica.

Mientras tanto, el mundo continúa su movimiento y desarrollo sin apartarse de las leyes de la naturaleza. La tierra está conformada en un 70% de agua (energía) y 30% , roca o materiales sólidos (materia) de la misma forma se sabe que el ser humano está constituido por un 70% de líquidos, sangre, plasma, (energía) y un 30% huesos, tejidos (materia). ¿Misteriosa combinación o extraña coincidencia?

Científicamente está comprobado que solamente hay dos elementos en el universo que no se pueden destruir: energía y materia. Estos no muer en ni desaparecen, simplemente se transforman! Coincidente o extrañamente en la constitución del ser humano, igualmente se presentan esos dos elementos indestructibles, materia y energía! Si DIOS existe, lo cual no se ha demostrado lo contrario, entonces se puede creer que DIOS creo todo cuanto existe, ¿verdad?

La pregunta inmediata será, ¿alguien ha visto a DIOS? Al parecer no hay nadie que lo haya visto, es la respuesta más común. Luego, ¿por qué es la pregunta? ¿Por qué nadie lo ha visto? ¿Hace falta ver la energía para creer en ella? Indudablemente que no, sería una respuesta inteligentemente valida y aceptable! No es necesario ver para creer pero ¿se puede creer sin ver? Por supuesto que sí, se puede observar con el alma, tal como se puede sentir con el corazón. Pero si el alma no tiene ojos, dirán algunos! Igualmente nadie sabe o ¿hay alguien que puede probar lo contrario?

La respuesta puede ser simple! No se necesita ver para percibir, se siente! Es de la misma forma como percibe y siente el corazón. El corazón no ve, pero siente! ¿Cabe alguna duda al respecto? Por tanto, se podría decir veo con los ojos de mi corazón o veo con los ojos de mi alma, o veo a través de mis oídos! ¿Quién puede decir que no se puede? Y ¿por qué nadie a podido ver a DIOS entonces? Será porque Dios es todo y todo lo que realmente es todo no se puede ver con los ojos?

Al menos no con los ojos del cuerpo! Una cosa es ver sin ver y otra muy distinta es ver viendo. Creo que Dios es energía y como tal la energía no se puede ver pero, sin duda se puede sentir, existe alguna duda?. Si Dios existe e hizo al hombre a su imagen y semejanza conforme lo señala la biblia entonces, la creación de Dios debe haber tenido alguna razón. Si creo una criatura a su imagen y semejanza, tal creación no puede haber sido menos que perfecta y de hecho debe de haber existido algún propósito para crearla! Si se acepta como válida la premisa anterior, de ¿dónde surgió la idea de que el ser humano no es perfecto? ¿Quién hizo creer eso y por qué?

Según la biblia, Dios le dio a su creación el soplo o aliento de vida, en otras palabras le transmitió, le dio y legó al ser humano una partícula infinitesimal de su propia energía que no es otra cosa que la vida misma! Si se observa lo que sucede con la hoja de un árbol, se puede comprender un poco mejor la analogía existente con la creación y vida de las personas.

Las hojas de un árbol, son parte del árbol, pero no son el árbol. Luego de cumplir su ciclo, las hojas caen naturalmente. El viento se las lleva libremente en el recorrido involuntario que seguirán para luego volver a nacer. Luego de su descomposición natural las hojas, regresan a su lugar de origen, la tierra, lugar desde donde volverá a fluir para alimentar y dar vida a un nuevo árbol, en el cual volverá a nacer, transformada para un nuevo ciclo de vida. ¿Qué somos los seres humanos entonces? ¿Somos un cuerpo solamente? O ¿somos la vida de ese cuerpo?

Entonces, si Dios es energía y nos transmitió la vida por medio de su aliento o acción , ¿quiere decir que al morir el cuerpo, el espíritu que es la partícula de energía dada por el creador a todos por igual, también muere? ¿Tú, qué crees? ¿Podría ser que la energía sale del cuerpo una vez muerto y regresa al lugar de dónde vino? ¿De dónde vino? Vino de Dios. Entonces, regresará de dónde vino, ¿es decir a Dios?

Al igual que la hoja del árbol esa partícula de energía regresará a completar un nuevo ciclo de vida! ¿Qué es el ser humano entonces? Tú que dices, ¿qué crees? Encuentra tú respuesta! Yo puedo concluir pensando y creyendo que es eso, energía! Y tú, ¿qué piensas?

Por definición o costumbre pero, por ignorancia diría mejor, se dice que el hombre no es perfecto. ¿De dónde salió esa definición, entendimiento o costumbre para expresar eso? La pregunta es quien hizo creer eso, por qué, y ¿para qué? Si se acepta que DIOS creo al hombre, aceptamos que Dios o lo que se entiende o conoce como Dios, es Perfecto, omnímodo, por lo tanto, su creación ¿puede haber sido imperfecta? Pues con la lógica más elemental y cruda, la respuesta tendría que ser categóricamente NO! Entonces, ¿por qué se ha hecho creer lo contrario?

Desde que nacemos se inculca la idea de la imperfección, del pecado y todos esos inventos que tanto atraso y daño han causado a la humanidad! ¿De dónde ha venido todo eso?. Encuentra tu respuesta! La pregunta es ¿por qué? El creador le dio al ser humano el don del libre albedrío ¿verdad?. Entonces, podríamos pensar que precisamente ahí radica parte de la esencia de su perfección! Es perfectamente libre para escoger lo que desee hacer. Es libre como lo es la vida, libre de todo y en todo.

Si se acepta la existencia de un ser superior, entonces se debería aceptar que el hombre fue creado a imagen y semejanza de su Creador. Todo lo que deba saber y conocer está ahí. Dios es la vida y la vida está entonces en el interior de todos los seres humanos. Esa sería la mejor prueba de la perfección; lo que pasa es que la mayoría tal vez, no se da el tiempo para buscar, encontrar, ni creer que está ahí.

Se dice que no hay tiempo para esas cosas. Más sin embargo, el hombre, haciendo uso de ése libre albedrío, opta por caminos diferentes, buscando e indagando en lugares inimaginables y probablemente lejanos a la morada de esa verdad. Es después de muchas vueltas en círculo, generalmente luego de haber experimentado diversas adversidades que el ser humano se refugia en su interior cayendo en la cuenta de que no está solo que nunca lo había estado!

Comienza entonces a ver y pensar diferente, consecuentemente actuar de la misma forma. Difícilmente ese descubrimiento se da antes de los cuarenta o cincuenta años. Partiendo de esa premisa, sería mejor y más inteligente pensar o hacernos pensar que nacemos perfectos, conforme la obra del creador y que es en el proceso del desarrollo y evolución donde se sufre algún tipo de contaminación que hace o crea la imperfección humana?

Esos cuarenta o cincuenta años servirían entonces para que se descontaminase la creencia de la imperfección. Es más razonable pensar, entender y comprender que tan pronto se nace inmediatamente se contamina al recién nacido y que esa inoculación es efectuada involuntar iamente por quienes trajeron al pár vulo, así como por el entorno que acompañará al aparecido reforzando el contagio especialm ente durante los primeros años de su vida!

¿Cómo se nos alimenta? ¿Dónde empiezan nuestros malos hábitos alimenticios que serán causantes directos de las enfermedades y problemas que enfrentaremos más adelante? Solo dos elementos importantísimo que a lo largo de nuestra existencia se convertirán en factores desencadenantes de muchos problemas y enfermedades, simplemente por el mal uso que haremos de los mismos, al haber recibido información distorsionada: Sal y Azúcar!.

¿Qué hay con relación a las ideas que acompañarán a ese ser a lo largo de todo su vida, ¿de dónde vinieron? Y ¿las creencias? ¿De dónde llegaron a la mente? ¿Subsisten la mayoría de ellas en tú mente? ¿Cómo se formaron o se forman tus paradigmas de vida? Tus principios, valores, ideas y convicciones de donde salieron o ¿cómo se fundaron? Te estás dando cuenta r ealmente de ¿cómo funciona todo esto? ¿Sabes cómo funciona tu cerebro? Si no lo sabes, ¿porque entonces aceptas fácilmente la teoría de la imperfección humana? ¿Sabes cómo funciona tu cuerpo? Igual, si no lo sabes cómo realmente funciona ese maravilloso cuerpo que tienes, ¿cómo puedes aceptar la creencia de que no eres perfecto (a)?

¿Entiendes cómo están coordinados todos los órganos de tu cuerpo para funcionar de una manera totalmente sincronizada? ¿no es todo eso acaso sinónimo de perfección? O ¿cómo se le podría llamar mejor? ¿Sabes lo que es y cómo funciona alguno de los sistemas que existen en tu cuerpo? ¿Sabes cuantos sistemas hay en tu cuer po humano? ¿Cómo trabaja cada uno de ellos y como deben de trabajar armoniosamente para que puedas vivir como lo haces? Por ventura ¿eso no es perfección? ¿Cómo le puedes llamar entonces a este sistema de sistemas? ¿Cómo se produce la digestión en tu organismo? ¿Esa sincronización no es sinónimo de perfección?

Conforme a todo lo que te han enseñado o inculcado a través del condicionamiento de la mente, te han hecho pensar y creer que, solamente el hecho de concebir que el ser humano sea perfecto es sinónimo de arrogancia, pecado o locura, ¿cierto? Ésa es la "verdad" que nos han hecho creer a todos a través de los años ¿no es así? No te sientas mal, igual me lo hicieron creer a mí, como a todo el resto! ¿En que se fundamenta entonces la idea de que el ser humano no es perfecto?

Podrá estar escrito en cualquier parte y en todos los idiomas, se podrá repetir en oraciones, cantos y todas las formas imaginables pero, si te gustaría despertar de la ilusión involuntaria y verificar la fuente de donde nos inspiramos para mencionar lo escrito, sugerimos que leas bien lo que está escrito en [Mateo 5:48] empezarás a dejar de sorprenderte porque será tu interpr etación, tu sentir y lo que fluirá de tu interior lo que finalmente te haga responder mejor ante este tipo de interrogantes.

¿Quién o quienes acuñaron esa idea transmitiéndola por generaciones al punto de creerla totalmente valida e irrefutable hasta el día de hoy? Simplemente planteamos la idea con la finalidad de invitar al lector a obtener su propia conclusión luego de pensar, meditar y analizar los hechos por sí mismo.

La idea de este libro no es centrarse en temas filosóficos ni religiosos, mucho menos, orientar al lector en favor o en contra de tal o cual posición ideológica, el punto central es plantear la interrogante para que seas Tú y nadie m ás que tú quien finalmente llegue a sus propias conclusiones, luego de ver, observar, analizar y revisar las propias respuestas que tienes en tu interior sobre el tema. El hacerlo ayudará a encontrar de m anera personal lo que todos en algún momento de la vida solemos buscar.

Entonces ¿por qué estás acá, sigue siendo la interrogante? La pregunta puede ser que no haya llamado tu atención anteriormente pero, tal vez hoy, al leer detenidam ente surja la inquietud en buscar esa respuesta y ésa es la idea! Medita la pregunta, piensa, conversa contigo mismo (a) para que compruebes la idea que tengas al respecto.

El mensaje de Jesucristo se resumió en el Amor y lo enfatizó claramente en dos mandamientos señalados en el Nuevo Testamento: 1. Amarás a Dios con todo tu corazón, con toda tu alma y con toda tu mente. 2. Amaras a tu prójimo como a ti mismo. Todo el mundo busca a Dios en diferentes lugares, más al parecer Dios está ahí nunca se fue, nació con nosotros o nosotros nacimos con él. Está y estuvo dentro de cada uno de nosotros y lo estará por siempre! En cada uno de los seres humanos está el, de ahí la importancia del mensaje de amarse los unos a los otros!

De hacerlo, estamos amando al mismísimo Dios! Estamos amándonos nosotros mismos que somos parte de Dios. Eres parte de él o él es parte de ti! Si Amas a tu prójimo como a ti mismo según el mandamiento, estarías amando al mismísimo Dios ya que él está en cada uno de los seres humanos. Por tanto, ése es el mensaje simple, claro y sencillo que nos dejó Jesucristo pero que desafortunadamente no se entiende y menos comprende de esa forma!

¿Cuándo el ser humano deja de existir qué es lo que pasa? ¿Muere su cuerpo, verdad? Y ¿qué pasa con su espíritu? ¿También muere? El cuerpo muere, se desintegra, se hace polvo y regresa a su estado natural, la tierra! ¿Qué sucede con el espíritu entonces? Será posible que abandone el cuerpo y regrese de la misma forma a su estado natural? ¿Cuál es su estado natural? ¿De dónde vino? Piensa, busca tu respuesta. Sé que la hallaras

¿Por qué estás acá entonces? Será que efectivamente formas parte de un plan perfecto hecho por el creador en el cual tengas tareas específicas que cumplir? O ¿te inclinas a pensar de que estás aquí porque así es la vida y que estás acá porque tus padres te trajeron al mundo y que les debes la vida, la cual terminará cuando mueras?

Sea cual fuera la conclusión a la que finalmente llegues, lo importante es que hay que pensar que definitivamente debe de haber alguna razón fundamental para que estés aquí, ¿no lo crees? La idea es que encuentres esa razón, al hacerlo habrás encontrado tu respuesta. Si el ser humano no existiera, la creación, consecuentemente la vida, no tendría ningún sentido.

¿Por qué y para que estás aquí entonces, es la pregunta? Bueno, cada quien debe responder conscientemente la pregunta, pero sería mucho más factible hacer lo si se considera que la prueba de la creación eres tú, por lo tanto, para convalidar la misma es imprescindible que se manifieste. El resultado de lo creado cae conscientemente en la cuenta de lo que es, consecuentemente su presencia no hace más que fundamentar y consolidar la originalidad de la existencia.

El punto es que en la mayoría de los casos la ausencia de esa presencia permite que se vague a través del tiempo sin una idea clara y menos sin la convicción del por qué y para qué se está aquí!. Se convierte en la interrogante no despejada en la mayoría de los casos.

Todos los seres humanos tenemos la oportunidad y obligación intrínseca de profundizar en la búsqueda de esa información y su conocimiento; no muchos perseveran en ese intento, razón por la que en la práctica resulta poco frecuente pensar, hablar o discutir sobre estos temas.

Se cree sin mayor fundamento que la idea de ser o estar se encuentra identificada con obedecer formalmente todo cuanto se indique en las etapas que le correspondan para de esta forma, instruirse o educarse "bien", para luego obtener una "carrera o profesión" y desar rollar lo aprendido apropiadamente en una compañía que le ofrezca "buenos beneficios" para finalmente "retirarse" obteniendo su "pensión de retiro" y así, ir a su casa y "descansar en paz y libertad" y claro, con la santa bendición del Dios que le crearon ya que si nos enfocáramos solamente en ese tema específico, tendríamos que comprender mejor la multiplicidad de deidades que han existido y existen en la mente humana.

La pregunta, vuelve a ser la misma! ¿De dónde viene esa idea? Responde sin temor! Ésa es la idea que se "vende" o se propaga como sinónimo de una "buena vida" ¿Verdad? En la práctica, ¿cuál es la realidad de esos millones de personas? ¿Están "descansando en paz y en libertad? O ¿están experimentando las consecuencias de acciones impensadas que pudieron haberlos convertido en esclavos de las mismas?

Probablemente si ya partieron de esta vida lo estén haciendo pero, qué pasa con el grueso, el que todavía continúa viviendo en alguna parte del mundo luego de haber creído en "esa ilusión de la buena vida y las "reglas normales" implantadas por la consciencia colectiva de cualquier sociedad que se pretenda observar. ¿Lograron alcanzar esa buena vida a la que tenían derecho?. Si no lo hicieron, como es el caso de la mayoría ¿qué pasó entonces?

Difícilmente se puede llegar a ninguna parte si antes de partir, el que pretende o desea encaminarse no es consciente de sí mismo y peor incluso, si desconoce dónde desea anclar! Para eso, hay que estar consciente y saber quién es luego, igualmente el ¿por qué y para qué? Dos preguntas elementales que deben de ser absueltas por el ente pensante, si es que en verdad desea salir de la mediocridad y dejar de actuar como un autómata respondiendo a los patrones condicionados del pensamiento colectivo sin mayor resistencia.

Observar y reflexionar sobre el particular resulta ser una gran oportunidad para escudriñar individualmente lo que se tiene o se quiere. Al hacer lo, necesariamente aflorará alguna respuesta, sea cual fuera esta guiará tus acciones en forma subconsciente por lo tanto resultará importante llegar conscientes a esa conclusión final.

Al ser conscientes de lo que se es y de la capacidad intrínseca que se tiene, cualquier recor rido que se pretenda efectuar será muy difere nte a todos los que pudieron haberse efectuado con anterioridad, sencillamente porque ahora se conocerá mejor al que realiza el recorrido y el lugar a donde se pretende llegar!

La fe, no estará depositada en una institución, comunidad, deidad, ni cosa que se le parezca, estará básica y fundamentalmente enr aizada en el propio ser del actor que es quien hace posible el trayecto, así como de la misma forma hace posible la acción de creer. Es imposible creer, si primero no se cree en el que cree, de manera que, creyendo en uno mismo, se inicia el recorrido para creer en todo lo demás! Es el ser humano el que ha contaminado su propia humanidad.

En todas partes del mundo la energía a través de la palabra es la que finalmente condiciona el pensamiento impidiendo de esta forma el desarrollo natural de la creación. Las diferentes religiones e ideologías políticas expandidas a lo largo y ancho del globo han creado y continúan creando las formas necesarias de pensamientos para seguir manteniendo sus intereses bajo control.

La verborrea y los distintos mecanismos legales permiten fácilmente controlar sus intereses so pretexto de falsos nacionalismos idealismos y de todo chauvinismo inimaginable que lo único que producen son miedo e incertidumbre y todo cuanto daña progresivamente las capacidades originales con las que nace todo ser humano. Por qué y para qué estamos aquí es una pregunta fundamental que debe ser respondida individualmente, hacerlo pondrá en evidencia el conocimiento que se tenga de uno mismo.

Ser conscientes del por qué y para que se está aquí, indudablemente descubrirá lo que hay en el interior respecto de tu propia doctrina o filosofía de vida. Si permites que el ritmo acelerado de cualquier sociedad absorba tus acciones en la creencia de que es o forma "parte de la vida " inevitablemente caerás en el juego peligroso del condicionamiento. Lo entenderás como "normal" y como un componente de esa expresión popular de "así es la vida"!

La vida no es así ni nada que se le parezca. La vida en definitiva es lo que tú quieres que sea. Tú y solamente tú tienes la capacidad y el poder para hacer que ella se manifieste en ti y a través de tus acciones, como lo creas o quieras ver y creer. ¿Estás aquí para perder el tiempo? Para matarlo o gastarlo en lo que no sabes que, sencillamente porque ¿no sabes qué hacer con él? Para convencerte que en realidad es una estupidez no tener una respuesta inteligente? ¿Para eso realmente estás aquí? ¿En verdad lo crees así?

Grande será lo que descubras si en verdad alguna de las expresiones antes mencionada forma parte de tu respuesta jamás planteada, buscada o deseada. Si en verdad llegas a responderte sin tapujos ¿para qué estás aquí?, ten la plena seguridad que igualmente obtendrás el por qué estás acá! Lo que se te revelará interiormente gratificará enormemente el tiempo mudo que pudiste haber tenido durante estos años.

Caer en la cuenta de ¿para qué?, resulta de por si algo agradablemente positivo, ya que la pregunta surge naturalmente como consecuencia del estado consciente en el cual se formula la interrogante. Rene Descartes, dijo en su famoso Discurso del Método en 1637: <pienso, luego existo>. El contenido de la frase en todo su contexto decía: "Pero en seguida advertí que mientras que de éste modo quería pensar que todo era falso, era necesario que yo, que lo pensaba, fuese algo. Y notando que esta verdad: yo pienso, por lo tanto soy era tan firme y cierta que no podían quebrantarla ni las más extravagantes suposiciones de los escépticos, juzgué que podía admitirla, sin escrúpulo, como el primer principio de la filosofía que estaba buscando".

La frase de descartes, refleja uno de los principios filosóficos fundamentales de la filosofía actual: "Mi razonamiento, por tanto mi propia existencia es irrefutable, algo definitivamente incuestionable y a partir de lo cual puedo fundar modernas evidencias". ¿Para qué estás aquí y por qué estás acá? Seguirán siendo las preguntas que escucharas en tu mente dormida hasta que tus fibras interiores dancen de placer con las respuestas que emanaran de ti cual aroma que despierta al deseo incontrolable del hambriento.

Tu presencia tiene un significado y una razón que te corresponde escrutar. No renuncies fácilmente al cometido que te hace real. ¿Por qué y para qué estás aquí? Será tal vez para evidenciar la maravilla de la creación? ¿Por qué no? Sin ti, sin tu presencia, sin la objetividad de tú existencia, ésta sencillamente no tendría ninguna razón! ¿Qué ha hecho o que han hecho entonces con el condicionamiento de los pensamientos? Esto, precisamente esto!

Ésa gran confusión universal que existe a la luz de los hechos reales e irrefutables! Observa como muchos lo han hecho o lo hacen; lo que ha sucedido o sucede con los niños! Estoy seguro sucedió igualmente contigo ya que difícilmente se logra escapar de esta presión por la que todos los mortales atravesamos de alguna u otra forma!

El pensamiento colectivo nos condiciona y afecta de tal manera que el único tiempo en el cual realmente deseamos y soñamos con ser mayores es cuando precisamente somos niños! Se nos condiciona de tal forma, haciéndonos creer que cuanto más rápido salgas de esa preciosa edad, más rápido "disfrutaras "de lo desconocido hasta ese entonces! Vana ilusión, es todo lo contrario! Se impide, se trunca con esos mensajes distorsionados y con la moda inventada el proceso natural y normal que a toda nueva vida le corresponde.

En la mayoría de los casos se "acelera ese proceso", consecuentemente se produce la "maduración artificial" como suele hacerse con muchos productos de consumo para "comercializarlos más rápidamente". Se condiciona la mente de los niños de tal forma, como que si esa maravillosa etapa de la vida fuera la más patosa de su existencia. De tal forma éstos, apresuradam ente desean y tratan salir de ése estado, debido a los nocivos mensajes del entorno social que afectan lo profundo de su ser, así como lo haría una plaga contaminante con cualquiera planta de la naturaleza.

La ilusión de los niños (as) entonces se convierte en una obsesión que apunta al día en que cumplirán inicialmente dieciocho años y finalmente al momento en que llegaran a los veintiuno! Gracias a qué o a quién? Exacto! El condicionamiento del pensamiento, la cultura colectiva y al gran EGO individual que obviamente creció en la mayoría de los casos en forma incontrolable!

Esa misma cultura social que se encargó de apresurar el desarrollo acelerado de los jóvenes alimentando y adornando esos pensamientos entusiastas y seductores de la edad se encargará ahora de asegurar que el trabajo estuvo bien efectuado cuando comience a satirizar a los que ahora cumplen treinta, treinta y cinco o cuarenta años, convirtiéndolos automáticamente según los modelos sociales en "leche agria", aquella que dejó de ser tan fresca como la primera! La que puede caer mal, la que se consume porque hay que consumirla pero, sin saber ¿por qué?

¿Por qué y para qué estás aquí? Sencillamente para que te des cuenta de todo esto, lo observes con detenimiento y encuentres lo que hay en ti al respecto. Para que tengas la oportunidad de ratificar o rectificar todo ese condicionamiento del pensamiento al cual sin discusión has estado expuesto como todos. Para que te des el gusto de poner en práctica tú albedrío escogiendo a las personas con quienes en verdad disfrutas tus momentos felices, dejando de lado a las problemáticas y confusas que solamente te quitan tu paz y consumen tu energía.

Estás aquí para disfrutar el aprendizaje que te da la vida, deleitándote con cada nuevo conocimiento, recargándote en todo momento con la vibración de la sabiduría y ejercitando permanentemente ese maravilloso cerebro que la inteligencia infinita te ha dado para usarlo inteligentemente. Estás aquí tal vez para que comprendas que tienes toda la capacidad y disposición para disfrutar de las cosas simples de la vida, de esa simplicidad impregnada de arte, belleza, misterio y armonía total.

Al percibir ese encanto de la naturaleza se irradia felicidad, alegría, risas, tristeza, melancolía, silencio y todas esas emociones que envuelven al sentimiento más puro, el amor!

A lo mejor estás aquí para que te convenzas que al experimentar el amor, de igual forma te podrás dar cuenta que pronto aparecerán lágrimas que brotaran sin parar sencillamente porque te harán comprende que el único ser quien siempre estuvo contigo durante toda tu vida fuiste tú mismo! Ha estado contigo desde que naciste y estará contigo hasta el fin de tus días!

¿Crees que ésa no es una buena razón par a saber y comprender para qué y por qué estás aquí? Probablemente estás aquí para eso, no lo crees? Para rodearte de todo lo que amas, para corregir lo que tengas que corregir y para decir a quien quieras decir te amo! Para olvidarte de las culpas, los temores infundados y de todo aquello que te aflige y perturba. Para eso estás aquí, solamente para ser quien en verdad eres! Déjate ser! Muestra lo tuyo sin temor y comprenderás sin palabras el significado del amor!

Todas las personas jurídicas antes de ser creadas, establecen o supuestamente tienen una misión o razón de ser caso contrario, ¿para qué fueron creadas? Indudablemente debe existir una razón consustancial a su existencia para que ésta opere y funcione como tal. ¿Qué sucede con los seres humanos? Ya hemos observado en capítulos anteriores la interrogante de ¿quién eres? ¿Por qué y para qué estás aquí? Pues bien, en este capítulo vamos a enfocarnos en esta realidad que nos invita a comprender mejor la razón fundamental de ¿por qué estamos acá?

Volvamos al ejemplo de las personas jurídicas. ¿Quienes crean a estas personas jurídicas? Los seres humanos por supuesto. ¿Y quién creo al ser humano? Ahí está la pregunta del millón que obviamente no vamos a responder nosotros. Sea cual fuera la creencia que tengas sobre ese particular, lo cierto es que existes, eres, estás aquí y ahora! La pregunta de rigor entonces será, ¿tienes alguna misión? ¿No lo sabes? ¿No lo recuerdas? ¿No tienes misión? Bueno, eso igualmente no lo vamos a responder por ti. Lo cierto es que, las personas jurídicas por lo general tienen o deben de tener una misión específica, eso es lo que las mantiene activas; entonces, por analogía, podemos comprender que los seres humanos de la misma forma deben tener una misión en particular ¿correcto?

Tal vez hasta el día de hoy nunca antes te hayas planteado la interrogante o hayas creído tener la necesidad de contar con alguna misión. Te invito a que reflexiones sobre el particular. ¿Qué tan impor tante crees que debe de ser el tener una misión en la vida? ¿Servirá de algo? ¿Por qué crees que nadie te hablo nunca antes de eso? ¿Es que la vida acaso es comer, trabajar, tener hijos, divertirse y ver televisión? ¿Tú que dices? ¿Dónde están tus lentes? ¿Cómo la ves?

En las diferentes sociedades del mundo existen personas jurídicas. Muchas son informales, tienen un nacimiento dudoso, algunas son catalogadas como clandestinas pero, incluso así siguen funcionando, unas nacen con un capital social otras simplemente lo hacen con el anhelo de hacer empresa, sin mayor capital que su propia ilusión. Unas cumplen con las leyes, mientras otras se encuentran al margen o simplemente desconocen las regulaciones pero, siguen funcionando. Las empresas sólidas que conoces, son aquellas que antes de nacer fueron planificadas, proyectándose su desarrollo y crecimiento en base a planes que se crearon y fueron ajustándose en la m edida que iban evolucionando.

El ciclo de desarrollo en todos los casos casi siempre es el mismo. Se concibe con una idea, luego esa ilusión se convierte en un plan donde el propósito ve la luz y luego se convierte en algo material. Posteriormente es una realidad tangible que tiene una misión específica la cual le permite fluir libre y sistemáticamente para consolidarse al dar el fruto esperado culminando de esta forma con el ciclo, para regenerarse, repetir y expandirse. ¿Qué diferencia existe entonces con las personas naturales? ¿No hay acaso una gran similitud en el orden en el que se dan las cosas para culminar con ese ciclo? ¿No son las personas naturales más importantes que las personas jurídicas?

Si en efecto así lo crees que son entonces ¿qué pasa con la misión? Si no la tienes ni la has descubierto ¿no crees que ya es hora de que hagas algo? O ¿piensas que alguien fuera de ti tendría un mejor interés en tus asuntos individuales? Piensa hazlo como ser humano, penetra en lo profundo y descubre lo que hay en tu interior. Hace más de dos mil años, un ser iluminado dijo éstas sabías palabras: "Conoceréis la verdad y la verdad os hará libres" (Juan 8:32). Creas o no en Jesucristo, profundiza en el significado y mensaje de sus palabras. Si existes, debe haber alg ún fundamento......si encuentras esa razón, habrás encontrado tu misión!.

Independientemente de la edad que tengas al momento de leer este libro, lo importante es que te respondas a ésta interrogante. Si ya obtuviste respuestas con relación a ¿quién eres?, ¿por qué y para qué estás aquí? Resulta necesario comprender que com o ente individual debe de haber un ¿por qué y un
cómo? Para lograr saber el ¿cómo de ése por qué?
Únicamente observa y escucha lo que fluya de tu interior a través de tu ser, solamente así visualizaras claramente tu Misión que no será otra que la razón de tu existir.

Puedes estar un poco confundido (a) con todo esto ¿verdad? Bueno, la idea es ayudarte para que todo esto se haga más fácil pero, al final serás tú y únicamente tú quien encontrará esa Misión en tú vida. Te podrás preguntar ¿cómo voy a llegar a saber o descubrir cuál es mi misión? Aquí tienes algunos pasos certeros que te ayudaran a visualizar o concretizar la idea y entendimiento de tu Misión.

¿Piensa que es lo que más te gusta hacer? Probablemente por ahí puedas descubrir algún talento dormido. ¿Qué es lo que más disfrutas hacer? ¿Dónde o con qué se te pasa el tiempo realmente sin sentir? ¿En qué consideras realmente que eres bueno (a)? ¿Qué es lo que crees profundamente que haces muy bien? ¿Te gusta pintar, escribir, recitar, cantar, bailar, ordenar, hablar, orientar, cuidar, ayudar, limpiar, cocinar, conducir, decorar, jugar, maquillar, peinar, etc.?

Si en cualquiera de esas actividades tienes habilidades o cualidades naturales, por ahí podría ser un buen punto de comienzo para explorar la base de tu misión. En la vida de cualquier ser humano, debe ser una verdadera desgracia no saber el propósito de su existencia, el desconocer por qué se está aquí!, pero debe de ser incluso mucho más siniestro, el hecho de que conociendo el propósito, no se realice la tarea que corresponda a cada acción que se haga.

Recuerda, tu existencia tiene una razón, encontrarla permitirá disfrutar cada instante de tu vida porque en la medida que vivas tu misión, te vas haciendo más consciente del origen que mueve tú energía. No te cansarás, fastidiarás, ni aburrirás con lo que haces, al contrario, cuanto más lo haces, te volverás más consciente de la prueba de tu presencia.

Probablemente hayas escuchado o leído la expresión "reconstruirse". Bien, aquí lo que se trata es que redescubrirás tu esencia, al hacer lo, irás comprendiendo una serie de cosas que difícilmente podrás comprender sin la práctica del conocimiento. La falta de preparación adecuada nos lleva al punto de este redescubrimiento, de manera que en algunos casos se llegara a producir pero, en su inmensa mayoría morirá en el intento por creerse o considerarse innecesario.

Si partimos de la idea o la premisa de que fuimos creados buenos, sanos e inteligentes, entonces habría que comprender que durante el proceso en el que se desarrolla la vida de cualquier persona, ésta irá enfrentando diversas situaciones en las que necesariamente deber ía estar preparada o alertada para enfrentarla y resolverla mejor .

Despertando y motivando a temprana edad el conocimiento de esa misión, permitiría a la persona avanzar por el camino de su vida guiado (a) o encuadrado (a) bajo los lineamientos que sustenten su cometido, de esta forma iría gradualmente ajustando lo necesario para que en su momento quede definitivamente consolidada y fundamentada su tarea.

De esta forma, en la etapa del desarrollo académico iría encaminado (a) en los propósitos que deben de guiar sus acciones. Al llegar a la fase en la que decida unir su vida, de igual manera contará con el orden necesario para construir lo que se proponga, siempre gobernado (a) con los principios individuales o compartidos de su semejante.

En todo momento y circunstancia, la persona que conscientemente conozca y comprenda su misión específica, tendrá siempre la ventaja de saber hacia dónde apunta su esfuerzo y voluntad, lo cual no solamente ayuda a que la obtención de lo que se proponga se produzca de me jor forma sino que principalmente, la energía positiva que emanará de su interior contagiará a los que circunstancialmente puedan acompañarle.

Es muy importante trabajar en la misión personal ya que al hacerlo no se logra alcanzar solamente la identifica ción con lo que se propone sino que también se logra establecer la armonía que hace la diferencia en la vida. El entenderla, comprenderla, practicarla y luchar por ella, permite que la persona vaya adquiriendo cada vez más confianza en sí misma y en lo que persigue.

Observamos con impotencia como miles de jóvenes concluyen anualmente sus estudios secundarios sin saber y menos tener una idea concreta y definida de lo que quieren o desean hacer en su vida salvo, algunas excepciones por supuesto. Esa fase importante en la vida de los futuros ciudadanos del mundo, deviene en la mayoría de los casos en circunstancias perdidas. Es el tiempo aprovechado por la cultura social para inocular parte de los pensamientos, corrientes y modas que se encar garan de guiar la inexperiencia de esos adolescentes ávidos de asentarse en cualquier lugar que les haga sentir el calor que en muchos casos no recibieron y menos conocieron.

Millones de estudiantes en el mundo se encuentra n estudiando programas o carreras que ellos mismos no escogieron y si lo hicieron, no supieron el por qué! La inestabilidad de sus acciones les demostrará posteriormente que fueron pocos los que realmente siguieron una carrera por vocación, la mayoría como siempre, estudio porque pensó o creyó que debía de hacerlo pero, sin realmente saber el por qué y para qué. La enorme cantidad de profesionales trabajando en áreas completamente diferentes a las que se prepararon evidencia la imprecisión de las elecciones.

Si no se llega a encontrar ni a conocer una tem prana identificación con uno mismo y más aún, si se carece de convicciones propias para responder a las preguntas elementales que se han mencionado anteriormente, difícilmente se podrá definir y/o encontrar con claridad la misión que se pueda tener. Con esa falta de identificación en uno mismo, se continúa deambulando por la vida sin rumbo ni destino fijo. Así, muchos jóvenes hacen familia y con eso, se agudiza incluso más el problema social ya que ingresaran automáticamente a ese círculo donde realmente será difícil salir, si es que no se prepara adecuadamente para hacerlo!

Se trabaja en lo que se presente y se hace lo que se puede, ese parecería ser el pensamiento que invade la mente de millones de jóvenes en el mundo que desesperadamente tratan de salir del interior de la "carrera de la rata "que bien definió Robert Kiyosaki en su famoso libro "Padre Rico, Padre Pobre". Cuando no hay un norte definido, cuando se carece de un plan específico, cuando no se sabe a dónde se dirige, indudablemente no hay misión alguna! De ahí la importancia en hacer o tomar el tiempo necesario para reflexionar sobre este punto tan importante en la vida de cualquier ser humano.

Cada acción que pongas en práctica, tendrá un significado diferente si es parte del objetivo de tu cometido. Los años iniciales en la vida de cualquier persona deberían de servir para eso, para instruirles acerca de esa tarea personal que culmina en el momento mismo en el que se obtiene el encargo intrínseco de tu propia empresa. No hay satisfacción más grande en la vida de una persona que tener la convicción de ser fiel con uno (a) mismo(a) ya que así se actúa en armonía con la inteligencia infinita, el universo y todo cuanto igualmente eres tú.

El punto de partida entonces que muchos ignoran involuntariamente, es la razón o propósito fundamental por el que se encuentran aquí. Independientemente de lo que se esté haciendo o la edad que se tenga, es necesario observar detenidamente este punto. ¿Cuál es la Misión que tienes o vas a crear para ti mismo (a) considerando que pretendes llevar una vida ordenada y direccionada a un objetivo establecido? Una vez decretes el pr opósito en tu vida, observaras y comprenderás más claramente el interés y la importancia que esto representa en cada una de las acciones que desarrolles precisamente en la consecución de tu destino.

Existe una preocupante desatención en todo lo referente a planificación individual y eso como consecuencia directa de las políticas turbadas que norman la formación y preparación en los diversos niveles académicos. Dificilmente se pre para al ciudadano común y corriente a formar sus propios planes de trabajo, de tal forma que en las diferentes etapas sociales por las que necesariamente debe transitar, se encuentra con la experiencia como carga y no como ejercicio ante el desconocimiento de su práctica como prueba.

La Misión tiene mucho que ver con la identificación que se tenga sobre uno mismo (a) los principios, valores y las profundas convicciones sociales que se tenga, servirán de base sólida para establecer y concretar ese propósito en la vida. Cada persona es un mundo, en ese sentido es importante tener presente eso ya que inicialmente todos formamos parte de una gran familia y supuestamente en ese grupo debería estar claramente definida la Misión del conjunto.

Al independizarse cualquiera de los integrantes para formar su propia familia, será ahora, en unión con su igual que deberá crearse e instituirse el propósito de ese nuevo Clan Familiar. Solo de esta forma, se mantendrán estos valores intactos y promoverán que las futuras generaciones nazcan con un norte definido y no como sucede en la actualidad que no solamente se desconoce a donde se va, sino que tristemente se ignora por qué y para qué se existe!

La vida muestra a los seres humanos que cada uno de los pasos por más pequeños que estos sean, van encaminados en la dirección que siguen las acciones individuales, haciendo de estas un eco permanente de retroalimentación para el espíritu ya sea en forma positiva o negativa. Tú tienes la capacidad y el poder para guiar el curso de tu rumbo. Todos tenemos esa capacidad. Todos tenemos una razón de ser. Íntegramente se guarda un por y para qué en la vida. Individualmente corresponde a cada quien descubrir ese por y para qué en su crónica.

No son las casualidades ni las circunstancias las que te han traído y traerán de vuelta las veces que fueran necesarios. Existen razones más poderosas que te corresponden desvelar en tu interior para que comprendas bien la misión que te corresponde. Escrutarlo aunque te cueste toda la vida hacerlo bien vale la pena, el comprenderlo como de seguro lo harás, te brindará la satisfacción que no se puede describir con palabras. Hay una misión en tu vida.

Necesariamente debe de haber una, de lo contrario no existirías! Tu tarea entonces, es indagar y encontrar esa misión! ¿Dónde? Ya lo dijimos! Puede estar únicamente en tu propio ser. Atreverte a buscarla, es siempre una motivación que reposa dormida en algún espacio profundo. Solamente debes de encontrarla, al hacerlo comenzaras a vivir de una manera com pletamente diferente! Luego, te convencerás que esa misión era la razón de tu vida!

3

¿Eres Feliz?

Es una pregunta sencilla pero, bastante difícil de responder. Te pueden haber hecho esta pregunta muchas veces y puedes habértela formulado tú mismo (a) en más de una oportunidad pero, en honor a la verdad ¿has respondido con integridad? Has memoria, recuerda. Primero que nada, para responder a una interrogante tan com pleja como ésta hay que compr ender bien el efecto antes de ensayar cualquier respuesta.

En ese sentido, para comprender bien esto, vamos a ver primero que se entiende por "feliz" o "felicidad". Según el diccionario Real de la Academia Española: Feliz = "que tiene felicidad". Felicidad = "estado de ánimo que se complace en la posesión de un bien" "Satisfacción, gusto, contento" "Suerte, feliz" " Resumiendo, podría decirse entonces que es un estado de ánimo de quien disfruta lo que desea.

La felicidad entonces, como la tenemos entendida o nos la han hecho creer o conocer, resultaría ser una constante o una variable? ¿Dependemos de otras personas para ser felices? ¿Son tal vez las cosas o las personas las que nos dan o hacen felices? ¿Por qué las per sonas generalmente piensan o creen que para ser felices necesitan algo como el amor, respeto, cuidado, dinero o la atención de otros? ¿No parte todo esto de ese condicionamiento de la mente que hemos mencionado anteriormente?

Veamos, ahondemos un poco más. ¿Qué te hace feliz? ¿Qué te adulen, engrían, consientan, admiren, envidien, amen, quieran, deseen, llamar la atención? ¿Qué te den? ¿Tener poder, fama, dominar? ¿Tener dinero? Piensa y responde tú mismo(a) cada una de las interrogantes. ¿Verdaderamente te hace feliz cualquiera de esas afirmaciones?

Cuando el ser humano desconoce o no llega a conocer su esencia, difícilmente podrá comprender que la felicidad no se encuentra afuera como es la creencia popular. Es posible que intentes como muchos, buscarla en algo o alguien, algún lugar, algo especial pero, lo más probable es que no lo hagas en el espacio donde ella verdaderamente reside.

La felicidad no es una constante como se piensa ni cree, por el contrario, resulta siendo una variable interminablemente presente que actúa al ser activada o reconocida. Pretender disfrutar de una ventura permanente, como lo suponen los cuentos y fantasías es la esencia de los mensajes distorsionados que se van acumulando en la mente de las personas, al punto que se llega a creer que en realidad la felicidad es permanente. Si así lo fuera, sin dudas estaríamos frente a una constante innegable. Más bien los instantes o momentos intermitentes, sumados o aglutinados crean un estado o condición de satisfacción conocido como felicidad.

Es normal y común comprobar que en el vaivén de la vida, surjan situaciones que interrumpan o alteran el estado de ánimo que la persona evidentemente desea sostener por lo que resulta inevitable confirmar como en el desarrollo de la existencia se manifiestan coyunturas especiales que generan diversos sentimientos y estados de ánimo diferentes a la bonanza, creando grietas o rupturas del estado que se busca mantener. Precisamente el condicionamiento del pensamiento, la cultura egoísta y algunas bases ficticias de las sociedades facilitan la confusión generalizada con relación al tema de la felicidad.

La aceptación y convalidación del pensamiento en el sentido de conceptuar y creer que para lograr ser feliz se requiere o necesita la participación de algo o alguien es la esencia misma de la incomprensión ya que fundamentalmente no se puede necesitar lo que ya se tiene. Para experimentar felicidad es necesario tenerla, de manera que, habría que entender que ese bienestar es inherente a la persona y está ahí, aunque tú la desconozcas y no sepas cómo y desde cuándo cohabita en tu interior. ¿Qué duda cabe que como ser humano tienes la capacidad para dar y recibir felicidad? Y ¿por qué no debería existir duda alguna?. Sencillamente, porque deberías caer en la cuenta de que nadie puede dar lo que no tiene! Por tanto, si das felicidad o eres capaz de "recibirla", simplemente es por que la tienes contigo!

Lo que hay que comprender es que la dicha que recibes es el reflejo de tu propia satisfacción, la cual consciente o inconscientemente dejas que em ane de tu fuente inagotable de contento. El asunto está que por ese condicionamiento de la mente, se ha hecho creer torpemente que la felicidad es ajena a la persona, por tanto, tendríamos que ganarla o merecerla para que algo o alguien nos las pueda otorgar, de esta forma el pensamiento se convierte en una creencia y al final de cuentas se termina creyendo que en efecto, no todos somos ni podemos ser felices.

¿Es este tu caso personal? ¿Tienes ideas o pensamientos que te llevan a ese convencimiento? Si así es, no trates de luchar contra eso! Acéptalo, entiende y comprende que eso es lo que se ha almacenado en tu subconsciente durante todo el tiempo de vida que tienes hasta este momento. No te resistas a eso! Acéptalo pero, a la misma vez comprende que lo puedes revertir positivamente, actualizando y cambiando tus pensamientos. Replanteando adecuadamente lo que hay en tu interior. Solo tú puedes hacerlo!

Como ser humano, independientemente del sexo, eres dador de vida, no te olvides nunca de eso! y si por cualquier razón no puedes procrear que es lo que tal vez desconsuela y frustra a muchas personas, piensa igualmente que en tu interior gracias a ti, la vida continúa y se desarrolla idénticamente.

A través de tu código genético, las células vivas que se originaron en los cuerpos de tus antepasados, evolucionan y continuaran haciéndolo por tu intermedio, de manera que, la vida prosigue gracias a ti, a mí y a todos nosotros. Ésa es la belleza y perfección de la creación. ¿Sientes infelicidad por eso? Claro que no! ¿Cóm o podrías?

La felicidad entonces está en ti, forma parte de ti es inherente y consustancial a tú persona, lo que sucede es que nadie nos lo ha dicho ni explicado de esa forma para comprenderlo mejor. Imagínate un árbol ¿es un ser vivo verdad? ¿Cuántos años cr ees que tendrá el árbol que estás imaginando u observando? En realidad eso no importa mucho para lo que vamos a demostrar ahora. Supongamos que el árbol tiene cien años de edad. ¿Dónde ha estado ese árbol durante esos cien años? ¿Qué es lo que ha hecho el árbol durante todo ese tiempo? ¿Crees que el árbol es feliz? ¿Cómo poder saberlo, sería la pregunta, cierto? Bien, vamos a ensayar una respuesta y ojala armonicemos con el contenido.

El árbol es un ser vivo como todos nosotros. Es parte de la naturaleza al igual que lo eres tú, el, ella, yo y todos los demás, verdad? Nos imaginamos que el árbol debe de tener alguna razón de ser, idénticamente como debemos tenerla cada uno de nosotros. ¿Podrías identificar alguna de esas razones? Claro que sí. Veamos: son los pulmones del mundo y desempeñan un rol importantísimo en el planeta al producir oxígeno y reducir el dióxido de carbono en la atmósfera terrestre, de la misma forma, juega papel sobresaliente en el ecosistema de los continentes, prevé la degradación constituyendo el elemento primordial del paisaje y los llamados ecosistemas forestales en donde proporciona refrigerio y protección a numerosas especies animales.

¿Son ésas razones suficientemente poderosas para su existencia? Indudablemente que sí! El ser humano tiene cabeza, tronco y extremidades, mientras que el árbol tiene raíz, tronco y copa o ramas, ¿correcto?; el primero tendrá sus descendientes por medio de sus hijos, mientras que el segundo lo hará a través de sus ramas y frutos. Como puedes apreciar hay mucha similitud entre éstos seres vivos, ahora observaremos algunas diferencias. El ser humano, por lo general tiene "problemas", es más, diríamos que ésos problemas son parte de su vida diaria. Haciendo una comparación con el árbol ¿qué le sucede a éste?

¿Es que el árbol no tiene problemas? Tu ¿qué piensas o crees al respecto?

Veamos algún ejemplo. El ser humano en la mayoría de los casos ve como un problema las condiciones atmosféricas ¿verdad? Si está lloviendo demasiado, probablemente esto será un fastidio para muchos. Si hace un calor insoportable o tal vez está cayendo nieve probablemente genere emociones diversas entre las personas ¿cierto? Y ¿qué pasa con nuestro querido árbol? Nada! el sigue ahí, de pie, inmune ante estas situaciones naturales. ¿Sentirá frío o calor? No lo sabemos! Lo que sí sabemos es que se mantiene ahí, firme como el día anterior, sin vacilación de ningún tipo, llueva, queme, nieve, truene o relampagueé! En definitiva, podríamos imaginar que los arboles también deberían tener problemas ¿verdad?

Piensa ¿cómo sería tu reacción si alguien se te acerca y comienza a orinar o defecar sobre tu cabeza, hombros o pies, como suelen hacer las aves u otros animales sobre los arboles? Dirías inconscientemente tal vez sí, pero ellos no son seres humanos Correcto? pero, somos seres vivos y somos parte de la naturaleza, eso es lo importante! La mayoría de gente se aburre cuando hace lo mismo repetidamente y cree que no está produciendo ¿verdad? Y que pasa con los árboles ¿no se aburren de estar en pie todo momento sin hacer absolutamente nada diferente?

Y cuando soplan los vientos o la lluvia incesante los moja sin amainar, se protegen o ¿qué sucede con ellos? Simplemente se dejan ser! Por otro lado, mientr as el sol con sus rayos de luz calienta sus copas sin aflojar, se derriten? ¿Reniegan o dejan de ser árboles para convertirse en seres resentidos o lastimados? La inmovilidad o la inacción los debería estresar hasta la locura o la muerte, sin embargo, en lo personal nunca he visto un árbol loco ¿tú has visto alguno?

La dicha que se experimenta al contemplar la belleza de esos seres vivos y el mensaje implícito que tienen los mismos puede llevarte a comprender mucho mejor el significado de la felicidad. Captarás que así como éstas criaturas vivas nos ofrecen su propia alegría, de la misma forma nosotros los humanos deberíamos entender que el bienestar es tan nuestro que solamente debemos reconocerlo en nosotros mismos para comenzar a sentirlo y lo que es más grande, compartirlo con los demás!

La felicidad entonces no depende de lo exterior como se nos ha condicionado. En otras palabras, no depende de ninguna otra persona que no sea la tuya! Es individual, está en tu interior, en tu esencia, depende de ti que la sientas, disfrutes y compartas con quien tú decidas hacerlo!

Nada ni nadie te puede hacer feliz o infeliz como el condicionamiento del pensamiento ha llegado hacer creer a la gran mayoría de seres humanos. Hay un factor determinante, exclusivo e inherente al ser humano y es tu capacidad de respuesta! Nada sucede por casualidad, las cosas, las acciones, son el resultado directo de la Ley de la causa y efecto. Consecuentemente todo sucede por causalidad y no por casualidad. Siempre hay una relación entre lo que ha ocurrido y lo que seguirá ocurriendo.

Con los pensamientos se gener an causas a las cuales les seguirán los efectos. Si constantemente se generan pensamientos negativos en los cuales la esencia de esa felicidad está supeditada a lo que diga o haga un tercero, cómo ¿se podrá creer o comprender entonces que la felicidad le pertenece? Veamos otros ejemplos.

En una relación carnal, sexual, tanto el hombre como la mujer piensan y creen que la pareja es quien por lo general proporciona la satisfacción sexual. El condicionamiento del pensamiento es gran responsable de ésa influencia. Sin embargo, la realidad dista mucho de ésta afirm ación. En una relación forzada, el placer confuso solo podría llegar a experimentarlo el forzador, ¿verdad?

Para que verdaderamente se produzca un disfrute en el acto sexual deben concurrir dos elementos importantes: consentimiento y disposición. La voluntad previa permite que ese consentimiento y disposición facilite lo establecido en la ley física que nos dice que a toda acción le sigue una reacción. Lo importante es observar que entre la acción y la reacción hay algo que es la voluntad ulterior; es ella quien finalmente determinará la forma de la reacción que afectará a la persona que lo experimenta.

Nadie te puede hacer sentir lo que tú no consientes. Te pueden herir y lastimar de muchas formas. Físicamente te pueden hacer mucho daño pero, lo que nunca podrá nadie hacer sin tu consentimiento es herir, lastimar o matar tú espíritu. Es tu disposición posterior la que finalmente decide tu respuesta.

Por otra parte, el disfrute estará directamente relacionado con tu capacidad y permiso para que tu par haga exactamente lo mismo en busca de ese goce compartido. Como puedes comprender en este caso específico, la satisfacción sexual, no la otorga entonces tu pareja, eres tú quien entrega su voluntad y felicidad para ese disfrute compartido. De manera que si éste no fuera el caso, de todas formas se experimentaría algún tipo de satisfacción aunque tal vez no aquella que hace vibrar las fibras más íntimas del ser. Algunas veces se logrará conseguirlo, otras veces no. Eso dependerá fundamentalmente de los actores, forma y circunstancias en las que se produce la entrega mutua pero, la satisfacción sexual en sí, se conseguirá independientemente de la participación de tu par.

Ésa felicidad es tuya, te pertenece! A nadie le concierne más que a ti! Aprende a sentirla y a extasiarte de ella! Diferente será si tu pareja no está en capacidad de hacer exactamente lo mismo para lograr el doble disfrute íntimo. Hay casos en los que podrás hacer disfrutar a tu pareja sin que ésta haga lo mismo contigo y viceversa, sin que esto signifique una relación sexual insatisfecha; tal vez lo sea en alguna forma para una de las partes pero, no para las dos! Lo importante es comprender que tu felicidad no depende de nada ni de nadie excepto de ti mismo (a) y del conocimiento e información que tengas al respecto. Este tema es mucho más com plejo de lo que puedas imaginar, por lo que solamente hemos querido referirnos brevemente al punto de la felicidad y del disfrute sexual.

Existe una cantidad increíble de personas que desafortunadamente no son felices o permanentemente sienten algún grado de infelicidad, tan solo por la creencia descuidada de que la felicidad se obtiene por medio de lo material o todo aquello que satisfaga superficialmente a la persona sin considerar que la mayor satisfacción es aquella que proviene de la propia convicción de que se posee todo lo necesario para ser, sentir y compartir felicidad.

El condicionamiento del pensamiento alimenta la creencia de las personas en el sentido de ser más o menos queridas. Como ya hemos mencionado en otros capítulos de este libro.

El querer es contrario al Amar, sin embargo gracias a la subordinación de los conceptos, se cree que la desdicha es el resultado de la infelicidad que se experimenta al ser engañado (a), rechazado (a) o traicionado (a) por alguna persona, sin llegar a comprender bien que en todo caso la única persona responsable de cualquier desacierto fue o es la misma persona!

Generalmente, se le adjudica a la otra parte la causa o responsabilidad de la infelicidad, sin querer comprender que la única obligación recae sobre la persona que puso o creo las expectativas sobre la otra, es decir ésta última, respondió por debajo de las probabilidades fijadas o deseadas por par te de quien aparentemente sufre la adversidad.

Otro ejemplo igualmente objetivo está relacionado con la creencia de que se es o se puede ser feliz todo el tiempo. Entonces, si preguntas a cualquier persona ¿eres feliz? ¿Qué crees que ésta responderá? Haz la prueba. La pregunta es para ti! ¿Eres Feliz?

En caso de que tú respuesta haya sido afirmativa, la repregunta sería en verdad lo has sido los trescientos sesenta y cinco días del año? Es posible que eso suceda? Indudablemente la respuesta categórica será siempre no. ¿Por qué? Bueno, sin dejar de ser positivo pero obviamente siendo más objetivo, la respuesta es no, sencillamente porque en la vida diaria existen diversos factores y situaciones que imposibilitan que eso suceda así.

Por eso repetimos, cuando hablamos de felicidad estamos comprendiendo que ésta es una variable y no una constante como el condicionamiento del pensamiento hace creer, especialmente a las jóvenes ilusas que sueñan con castillos dorados, príncipes azules y donde todo lo que reina es alegría, dicha, felicidad interminable y todo cuanto sucede es limpio, sano y positivo, lo cual es incongruente con la naturaleza misma y la realidad que se vive en el planeta.

¿Es posible ser felices las veinte y cuatro horas del día los trescientos sesenta y cinco días del año? La respuesta ilusionada de muchos será que sí, pero la realidad mostrará un categórico no que al final de cuentas, no deja de ser positivo! En la vida de los seres humanos suceden una serie de hechos cada cual más difícil de entender, de manera que resulta improbable que una persona deje de experimentar circunstancias, frustraciones, sinsabores y cualquier tipo de situación contraria al estado de ánimo del que estamos hablando.

En la misma "luna de miel" por ejemplo, hay circunstancias en las que todavía no ha concluido ésa etapa acaramelada de la vida y sin embargo, algunas veces se observan las primeras desavenencias en la pareja. Claro!, muchas de estas son maquilladas o reprimidas temporalmente pero, luego el tiempo se encargará de descubrir lo que se oculta, bajo ésas acciones. Supuestamente en las parejas que disfrutan de esa "luna de miel", difícilmente se podría pensar que son infelices en esas ocasiones ¿verdad? Pero, sabemos bien que ésas son situaciones que se dan indudablemente con sus excepciones.

El punto central en todo esto es que compruebes si en realidad eres feliz o no. La suma de todos esos momentos o estados de alegría son los que al final establecerán el grado de felicidad de la persona, realmente es lo que cuenta y lo que habría que tener presente. Si se logra ser y experimentar alegría durante setecientos veinte y uno de los mil cuatrocientos cuarenta minutos que tiene la jornada diaria se podrá pensar y creer que la persona es feliz la mayor parte del día.

Esto haría suponer que se encontraría en el proceso de alcanzar un estado de felicidad si se lograra mantener esa misma dicha en por lo menos ciento ochenta y tres días del año, lo cual sería espectacular! Al preguntar u observar como seres humanos en cuanto a lo que implica ser o estar feliz, necesariamente debemos de estar conscientes que para responder apropiadamente esa pregunta tan importante debemos comprender bien nuestra naturaleza, nuestra razón de ser y entender que cambiamos constantemente, como la vida misma.

En ese sentido, la felicidad es un estado que se encuentra estrechamente relacionada con el amor. Ya hemos mencionado que Amar es compartir, dar y perdonar incondicionalmente, sabiendo que cada vez que ponemos en práctica ese dar, compartir y perdonar, lo estamos haciendo directamente hacia nosotros mismos, de manera que es una forma sublime de recargarnos. De esta forma será consciente que ser feliz depende única y exclusivamente de la persona misma y de nada ni nadie más, lo cual facilitará y fortificara más la convicción.

El ser feliz resulta al final de cuentas, la actitud que tengas o presentes a la vida en cada uno de tus actos. Sustancialmente ser feliz es vivir en la convicción de que eres feliz, sencillamente porque mereces ser feliz. Tu prédica se convertirá en tú práctica y tu hábito se convertirá en la constante que guíe todas tus acciones hacia éste objetivo de vida que no es otro que el ser y vivir feliz! ¿Eres feliz? Sigue siendo la pregunta. Uno de los factores que influirá en esa respuesta será la realización, sencillamente porque difícilmente la persona podrá experimentar felicidad si siente algún grado de frustración o insatisfacción como consecuencia directa o indirecta de algo inconcluso.

Una gran cantidad de personas acuden diariamente a sus centros de trabajo sin tener o mostrar algún grado de alegría o satisfacción por lo que hacen. Una gran mayor ía lo hace simplemente porque tiene que cumplir con un compromiso u obligación, otras porque no saben qué cosa hacer y otras tal vez, porque nunca antes se habían detenido a pensar ¿por qué? Probablemente se han venido respondiendo" así tiene que ser"! Bien, será fácil entonces darse cuenta cómo se va generando esa energía negativa que se acumula progresivamente en el interior del individuo debilitando sus intereses, condicionándola a una repetición mecánica que en muchos casos le impide tomarse un tiem po para caer en cuenta de esa monotonía. Si bien es cierta ésa rutina le puede producir algunos dólares, es más cierta la generación de una profunda infelicidad escondida que se acumula lentamente creando las condiciones futuras de una infelicidad anunciada.

Las personas difícilmente pueden llegar a sentirse felices cuando sienten inseguridad de si mismas o de los demás. La dependencia igualmente es otro factor que va acumulando energía negativa para luego convertirse en infelicidad. Un gran número de individuos, especialmente mujeres, por desinformación y sin proponérselo por supuesto, ceden desde muy temprana edad su libertad, convirtiéndose en personas que luego, viven y dependen de las decisiones abusivas y antojadizas en algunos casos de sus respectivas parejas o algunos familiares.

Estas personas, con el transcurrir del tiempo, comprueban con impotencia e infelicidad que no saben cómo realizar acciones básicas para el desarrollo de sus vidas, como por ejemplo el hacer una diligencia bancaria, lidiar con los pagos de las obligaciones ordinarias, etc., simplemente porque todas éstas actividades las hacía la pare ja o el familiar.

En la mayoría de los casos por ejemplo, luego de una pérdida o separ ación la persona comenzará nuevamente a vivir aprendiendo, comprobando todo lo que no sabía (por dejadez) y observará de igual forma todo lo que va aprendiendo (por capacidad) en esa nueva etapa de su vida que si bien es cierto le genera algún grado de infelicidad pero, de la misma forma le brinda la satisfacción de constatar y comprobar su inteligencia y capacidad natural.

Es común ver o escuchar personas expresando el grado de infelicidad que experimentan al llevar una vida que indudablemente no desean. Son pocas las personas que reconocen que muchas de esas acciones que los llevaron a la situación en la que se encuentran fueron generadas por ellos (as) mismos (as). Es corriente observar cómo se responsabiliza fácilm ente a los padres, los gobiernos, a otras personas, a sus parejas y a la sociedad en sí, de lo que le pasa o sucede. Esto, indudablemente es la resultante de alguna u otra forma de ese condicionamiento del pensamiento.

Observa tu propia experiencia y comprueba en que área específica sientes algún grado de insatisfacción. Atreverte a notar y profundizar sobre el particular , te permitirá asumir tú responsabilidad en lo que corresponda y escudriña cada uno de los elementos o factores que generan o dificultan la realización de ese deseo insatisfecho. Vamos a enfocar esta distinción en tres áreas comunes de la vida del ser humano. Salud, dinero, amor.

Muchísimas personas son naturalm ente infelices como consecuencia directa de la salud que tienen o están experimentando. Ya hemos mencionado que para entender y comprender bien cualquier situación, resulta imprescindible observar el "todo" de lo que se pretende entender o comprender. Por tanto, será siempre necesario "observar detenidamente la foto completa y no parte de la foto" entonces, si se habla de salud, para hacerlo con propiedad es necesario comprender que se está mencionando "la salud integral" de la persona y no solamente lo que respecta a la parte anatómica ni fisiológica de la persona, como desafortunadamente es el entendimiento popular.

Tratar de responder si eres feliz, necesariamente te llevará a la observación de si igualmente lo eres en lo que corresponde a tu salud integral. Algunas personas podrán sentirse o estar "muy felices" porque acaban de concretar un negocio, han obtenido un puesto de trabajo por el que venía luchando o esperando, han conseguido una respuesta favorable de parte de una persona que en verdad le interesa o acaban de ganarse un premio económico que las hace "felices" La pregunta en ésas circunstancias indudablemente cobrará mayor validez. ¿Qué duda podría caber de la presencia de la felicidad en esos momentos? Ninguna! ¿Cuánto tardará la persona en dejar de experimentar esa alegría una vez que la misma sea consciente de su salud?

Nos referimos al hecho de que si la persona, antes de experimentar esa emoción de aleg ría venía o viene experimentando una sensación de inconformidad a raíz de problemas de salud que puede presentarse o desarrollarse en la parte física, fisiológica, psicológica ,espiritual, económica, mental, laboral, familiar, social, etc. que en algún momento, luego de la emoción inicial la traerá de vuelta a su realidad agobiante. Una realidad existente pero que tal vez la persona no se ha interesado o preocupado en ahondar sencillamente por descuido o falta de información.

Se podría decir también que probablemente lo más factible es que no se haya efectuado gracias a ese condicionamiento existente que hace creer que "eso" es normal y natural, por lo tanto, no hay que buscar ni averiguar nada, total a la mayoría le sucede algo similar! Es común, repetirán!

A diferencia de la forma como se viene condicionando al ser humano en las diferentes sociedades del planeta, si este fuese permanentemente motivado e instruido en la necesidad de informarse en todo lo referente a su salud integral, sorprendería a cualquiera los resultados que hoy día esas estadísticas podrían mostrar al mundo entero.

Por lo general, la gente acude a los médicos cuando tienen algún problema de salud o alguna enfermedad es decir, cuando ésta ya existe y en la mayoría de casos está tan desarrollada o avanzada que el profesional de la salud únicamente se limita a poner en práctica sus conocimientos para "aliviar" el dolor, sufrimiento o incomodidad que pueda estar experimentando el paciente, prescribiendo para ello los fármacos "necesarios para eliminar o contrarrestar al enemigo circunstancial o habitual".

El punto es que como consecuencia de ese "tratamiento" se generan diferentes trastornos en la unidad corporal que sin equivocación darán or igen a otros "procedimientos" posteriores. La mayoría de profesionales de la salud se limitan a ver o tratar el efecto de la situación, soslayando la causa que la crea, de tal forma que si es un problema del alma, lo mejor será hacer dormir o relajar al paciente para evitar que piense y de esta forma se le tranquiliza pero, a la misma vez se le va "tranquilizando" o "aliviando" reprimiendo de esta forma las manifestaciones naturales de su energía.

La medicina preventiva es practicada en muchas partes del mundo pero, no con el énfasis o la prioridad con la que necesariamente debería ser ejercida. En ese sentido, los gobiernos del mundo entero, a propuesta y presión de los diferentes estamentos e instituciones de la comunidad internacional, deberían asumirla como preocupación y tarea universal para que cualquier ser humano reciba sistemáticamente como obligación natural la información y capacitación apropiada para que conozca, aprenda y reconozca que convirtiéndose en su propio (a) practicante, garantizará no solamente su cuidado particular, sino fundamentalmente contribuirá de mane ra directa y responsable a crear futuras generaciones educadas apropiadamente en la prevención y el cuidado de la salud.

La idea generalizada se convertiría en ir al médico cuando no se le necesita y no como sucede en la práctica que la gente va al médico cuando "piensa" que lo necesita pero, desafortunadamente en un porcentaje bastante elevado ese facultativo es poco o nada lo que puede hacer por la persona debido al estado en el que probablemente se encuentra. En ese sentido el Dr. Elmer Huerta comparte un mensaje social muy importante con la humanidad al decir que: "Un gramo de prevención vale más que una tonelada de curación" Sin dudas, el aviso expresado por el referido galeno, cumple fielmente la tarea preventiva que todos deberíamos asumir.

El ser humano es feliz cuando disfruta de buena salud qué duda cabe, entonces para lograr o alcanzar esa felicidad uno de sus objetivos principales estará siempre enfocado en obtener y mantener esa salud integral. Se necesita mucha información en ese sentido, por lo que toda acción orientada en esa dirección siempre constituirá aporte invalorable para lo que se desea.

Si los pensamientos determinan la actitud de las personas, será fácil comprender entonces que los conceptos dominantes serán los que finalmente tengan el control de su actitud y emociones consecuentes. Si la pregunta es y seguirá siendo ¿eres feliz? , basta entonces comprender que para lograr esa felicidad anhelada por todos, jugará un rol determinante el tipo de propósitos que inunden tu mente antes de actuarlos.

Tener una idea clara y definida de tu persona, comulgando con esa identidad que mueve tus acciones en pos de tu realización individual será fundamentalm ente positivo. Accionar viviendo la misión identificada y ratificada por su convicción a través de cada uno de sus actos, llevará a cualquier persona a experimentar una emoción de goce y satisfacción plena.

¿Se puede ser feliz boicoteándose constantemente uno (a) mismo? (a). Lamentablemente eso es lo que comúnmente sucede cuando las personas sin proponérselo y sin darse cuenta, socavan su energía, atentando en contra de ellos (as) mismos (as) con expresiones reiterativas que van minando su seguridad.

La inseguridad interior que llega a convertirse en un constante gracias al condicionamiento, contribuye directamente en la actitud de las personas. De esta forma, hombres y mujeres, temerosos de sí mismos y de los demás se desenvuelven o desarrollan en ambientes cada vez más superficiales. La tecnología contribuye con su adelanto, facilitando que muchas personas se encierren o refugien en ella, para sustraerse de la realidad irreal en la que suelen sumirse por sí mismas.

El condicionamiento que llega a formar parte de esa cultura social, arrastra a las personas de tal forma que parecería imposible salir de ese torbellino en el cual se encuentra n muchos. Sin embargo, preguntas como éstas son las que pueden hacer reflexionar a las personas, sobre la situación particular que puedan estar experimentando.

Hoy día, es de conocimiento y uso corriente que en las grandes sociedades del mundo entero el uso de la telefonía celular y otros aparatos, al igual que las redes sociales mantengan al individuo prácticamente enganchado con esos sistemas importantes para el desarrollo de su propia existencia.

El ser conscientes o inconscientes de esta situación es donde se puede alojar el grado de satisfacción o insatisfacción que pueda finalmente llegar a experimentar la persona. Si se hace uso del aparato sin permitir que el dispositivo haga uso de uno, sería excelente! Pero, ¿qué es lo que se observa en la actualidad? ¿Tú que dices? ¿Cuál es tu observación? ¿Dónde están tus lentes?

¿Comprendes mejor ahora, porque ese condicionamiento resulta ser tan perjudicial cuando no se es consciente de su existencia y presencia constante en las distintas áreas del quehacer humano? Sobre todo la forma como absorbe y maneja las acciones de sus servidores.

La convivencia humana, ha sido es y seguirá siendo por siempre un gran desafío. Al pretender responder cada uno la interrogante de si ¿eres feliz? no se debería soslayar de ninguna manera la parte en la que se refiere a este tema. Indiferentemente de que vivas con tus padres, tu familia, amigos, desconocidos o con tu pareja, comprobaras fácilmente, si empiezas a ser consciente de la situación donde existen muchas diferencias que normalmente no se consideran ni toman en cuenta pero que finalmente resultan siendo factores desencadenantes de las situaciones indeseadas en las que suelen verse involucradas las personas.

Se acumula y se arrastra entonces una serie de sentimientos y sensaciones reprimidas que difícilmente le permiten a la persona alcanzar con facilidad esa felicidad que busca instintivamente. La comunicación se convierte en uno de los elementos involucrados en el conflicto y claro, como no habría de serlo, si es el componente indisoluble de toda relación. Típicamente se encuentra ausente o en su defecto transmite o recibe incorrectamente lo que desea comunicar.

Al interior de las relaciones, se hace más fácil presumir que preguntar y en ese sentido es así como los individuos van armando su "rompecabezas" en relación con las otras personas; de esta forma, cuando preguntan, si es que llegan hacerlo en algún momento, la respuesta la tendrán inclusive antes de concluir la pregunta ya que se basaran en sus propios paradigmas y conclusiones para responderse, sin considerar muchas veces y menos escuchar lo que la otra parte argumentó o dijo.

Enfocando la observación en el área del dinero, difícilmente se experimentará felicidad cuando no se entiende ni comprende bien el significado del dinero. El condicionamiento del pensamiento siempre llevará al individuo por caminos distorsionados. El dinero es emocional, de manera que se podrá estar de uno u otro lado, cambiando fácilmente de estado de ánimo ante la ausencia o aparición sorpresiva del mismo. En tu caso personal ¿cómo te sientes o qué emociones estás experimentando con tu realidad basada en él? ¿El dinero puede estar significando todo para ti, pero qué hay de realidad en ese significado?

Cuando se llega al mundo, se hace despojado de todo ¿verdad? El apego a eso material que luego se irá entendiendo o mal entendiendo como dinero, será transmitido como ya dijimos, precisamente por el entorno familiar y social. Hasta qué punto, éste condicionamiento pudo o puede estar afectando tu felicidad? Bueno, eso lo podrás observar fácilmente comprobando el grado de subordinación que pudieras tenerle. No se debería olvidar que es el individuo quien crea y genera el dinero y no al revés, como desafortunadamente sucede con la mayoría.

Debes de haber experimentado situaciones en las que probablemente no hayas tenido o tal vez no haya hecho falta el uso del dinero para disfrutar plenamente de algún suceso en particular, sin embargo la alegría que posiblemente compartiste fue inconmensurable. En esa incomprensible carrera materialista donde de alguna u otra forma nos encontramos todos los habitantes de este planeta gracias al condicionamiento de los pensamientos, observamos como desde muy temprana edad, los jóvenes de las distintas sociedades van mostrando ese apego cada vez más toxico hacia lo material.

El quién eres, queda relegado al ¿qué es lo que tienes? Haciendo de esto una constante negativa, donde los principios y valores se pierden y/o confunden muy fácilmente. Muchas personas en forma individual o en parejas por ejemplo, tratan de construir un castillo y por lo general casi siempre lo logran. Lo que sucede es que luego se dan cuenta de que fue construido sobre bases endebles que no fueron preparadas apropiadamente para resistir cualquier hostilidad. Volver entonces a la observación de si eres feliz en función de lo que el dinero es o representa para ti, constituirá fundamentalmente las respuestas que tú mismo (a) tengas y pr actiques sobre ese particular.

¿Qué tanto eres capaz de hacer por dinero? Responde. Ésa es la idea del mensaje contenido en este libro. ¿Dónde están tus lentes? ¿Dónde? ¿Contigo? O son los lentes de ¿alguien o algo que no eres tú? En el mundo globalizado y agitado en el que nos encontramos es difícil encontrar un tiempo libre, dicen muchos! En efecto, parecería que eso se convierte en una realidad únicamente con repetirlo pero, insistimos, tú tienes tiempo para TODO lo que realmente te interese hacer!

Estamos en el punto de si crees que ¿eres feliz?. ¿Eres Feliz? Fue la pregunta que nos ha traído a este punto. Ésa respuesta es total y personal. Ahora, mencionamos o citamos un factor importante en el contexto de esa felicidad: el dinero! Todas las respuestas que puedas darte favorecerán profundamente para que conozcas mucho mejor a la persona que está en tu interior y que no es otra que tú mismo (a). Realmente ¿qué es lo que podrías hacer por dinero? ¿Dejarías a tu familia? ¿Te casarías por dinero? ¿Aceptarías cualquier carg o que fuera, por dinero?

Sabemos bien que en la época en la que vivimos y ante las circunstancias apare ntemente reales en las que nos desarrollamos, las preguntas anteriores suenan absurdas o cargadas de un romanticismo poco práctico ¿verdad? Pero, precisamente esa dosis de romanticismo combinada con la realidad práctica es la que nos lleva a deslizar este planteamiento con la intención de que cada uno, desnude su interior y confronte con su realidad existente. Sobre esa realidad es que se tendrá que trabajar si se pretende enmendar o cambiar alguna de las respuestas que hayan dejado al descubierto algunos elementos que incomoden tu esencia.

Continuando con este giro de conceptos, si se enfoca la respuesta en base al amor entonces se observará que el asunto igualmente no deja de ser complejo. ¿Eres Feliz? Seguirá siendo la pregunta. Muchos podrán decir ¿cómo puede ser feliz una persona que en el amor tiene muchos dilemas? Por lo general el amor está asociado con otra persona, es la creencia popular o la convicción individual de muchas personas y es ahí donde nos atrevemos a mencionar que radica gran parte del enigma.

La creencia y pensamiento casi generalizado en ese aspecto, es que "se vive en busca del amor y para obtenerlo, hay que merecerlo". Ésta es una creencia tan profundamente arraigada en la psique humana que obviamente llega a distorsionar directa e indirectamente cada una de las acciones que no guarden relación con el supuesto mencionado. Habría que entender en primer lugar que el amor es consustancial al ser humano y que todos los seres humanos nacen dotados de AMOR por tanto, no se puede buscar lo que ya se tiene!

El amor es la esencia del ser humano. El amor no se "hace "conforme el condicionamiento del pensamiento con torpeza y desconocimiento trata por todas formas de hacer creer a la gente. Analizando objetivamente la premisa de que "se vive en busca del amor y para obtenerlo hay que merecerlo, podemos concluir resumiendo ésa expresión en una sola palabra: VIDA.

La vida es el amor. El amor, es la vida misma. Si tú vives es porque eres parte de ésa vida. Tú vida es la materialización del amor y no el resultado de un acto sexual. Tú vida nace de la vida que tienen y comparten dos personas. Ese instante, ese proceso en el que se consolida tu existencia es el amor. El amor es tuyo, te pertenece. Tú lo compartes que es muy diferente! Cuando tú llegas amar a una persona, no lo haces porque ésta te está amando, lo haces independientemente de si ésa persona te está amand o o no! Y sabes ¿por qué? Porque el amor se da! Se regala! Se comparte! Se disfruta! No se condiciona, ofrece ni se vende!

Es ahí donde surge la gran confusión que origina una serie de acciones equivocadas en relación al amor. Preguntarte entonces si eres feliz en función del amor, demandará una exhaustiva observación en cuanto a los detalles de tus convicciones acerca del amor. En conclusión, la felicidad es tuya, te pertenece, no renuncies a ella, ni te permitas creer que tu felicidad de pende de la potestad o la actitud de otr as personas. Tú te sientes como quieras sentirte, porque recuerda, nada ni nadie puede hacerte sentir lo que tú no consientas!

4

¿Crees en ti?

Cuando el ser humano llega al mundo, lo hace igual como los otros seres de su especie. Libre, inocente e inicialmente vulnerable prácticam ente a todo. La esencia de su perfección radica precisamente en esa vulnerabilidad inicial, la que en su momento dejará de acompañarlo para convertirse luego en su fortaleza interior. Durante su desarrollo, al estimularse y activarse indistintamente una serie de códigos que trae consigo, se manifestará la esencia de su Ser en la medida de que estos sean vivificados acorde a su naturaleza intrínseca.

La recuperación de su excelencia será finalmente el logro deseado. Cuando niño(a) cual esponja absorbente recibe íntegramente todo aceptando inconscientemente lo que se le dé, sin distinguir la naturaleza de la entrega. Al mismo tiempo, percibe absolutamente todo cuanto le rodea consciente o inconscientemente lo cual irá almacenando involuntariamente en el subconsciente, para luego tenerlo como referente permanente.

Los padres y las personas más cercanas a su entorno, son quienes generalmente transmiten lo que en la mayoría de los casos servirá de base para formar sus paradigmas de vida, los mismos que utilizará para su guía y toma de decisiones. No hay nada extraño en eso total, todos los seres humanos se forman y aprenden casi de modo similar.

Culturalmente se podrá observar cambios por aquí y un poco más allá pero, en el fondo, comenzaran aprendiendo casi todos de la misma forma. Los que antecedieron generalmente "preparan" a los que llegan, proporcionando lo que para el conocimiento u entendimiento de los primeros fue, o es la verdad de lo que les transmitieron y aprendieron de sus antecesores por generaciones.

Observarás ese ciclo repetitivo cuando en este caso, te corresponda a ti formar directa o indirectamente a una "nueva vida". Insistirás inconscientemente en utilizar el mismo método que fue utilizado contigo o tal vez puedas variar algo pero, en esencia la procedencia del método, es el reflejo de lo que experimentaste cuando niño (a). Obviamente enseñarás y transmitirás lo que tú o tu pareja crean o entiendan en esos momentos como válido, sencillamente porque así les fue transmitido y es así como se repiten las acciones. La pregunta valida será entonces, ¿alguno o los dos, hace o hará la observación con relación a sus paradigmas y costumbres?

La práctica dice que no. ¿Por qué? Sencillamente porque en la mayoría de los casos se repiten las cosas sin tan siquiera pensar en las mismas. Se cree y se creerá que son correctas si se rotularon y guardaron como tal. Si por alguna razón se inicia algún diálogo para clarificar las ideas, generalmente el pensamiento dominante o quien lleva o tenga el dominio de la relación, será quien finalmente imponga la decisión, alterándose sin duda los parámetros iniciales, pero sin saber con integridad si se corrigieron o, si las consecuencias serán más o menos favorables.

La pregunta del millón es y será por tanto, ¿Quién dijo que eso es o fue lo correcto y/o verdadero? Podría ser, como podría no serlo! Ahí está el detalle, como diría el recordado "Cantinflas"!

Hablar del origen del ser humano, conduce sin equivocación al planteamiento de dos puntos de vista totalmente discutibles: científico y religioso. Ambas posiciones no han demostrado de manera indubitable hasta el día de hoy ese origen, por tanto, cualquiera de las sustentaciones estará siempre abierta al debate; podrá usted llegar a su propia conclusión, respondiendo la interrogante común que tenemos los mortales.

Mientras tanto, deseamos aportar información que le sea útil en ese propósito, tal vez ahora, piense de una forma muy diferente a la que venía pensando hasta el día de hoy. Nacemos iguales eso ya lo sabemos ¿qué duda cabe al respecto?. El asunto es que a pesar de que nacemos iguales, siempre existirá la diferencia en la forma y circunstancias en que nacen las personas. Unas habrán sido planificadas, esperadas con amor y mucha ilusión, mientras que otras, serán el resultado de la promiscuidad, el abuso, la irresponsabilidad y otras situaciones conocidas en las diferentes sociedades.

Independiente de la forma y circunstancias en las que llegamos los seres humanos, lo cierto es que en algún momento llegamos a creer, otras veces no, en la existencia de un Ser Divino. Si crees, aceptarás ser obra de su creación, por tanto que fuiste hecho (a) a su imagen y semejanza ¿verdad? ¿Qué quiere decir eso? Comienza la parte interesante de esta reflexión.

La idea es que comiences a analizar desprendiéndote totalmente de los juicios y conceptos que pudiste haber acumulado a través del tiempo. Responde a estas preguntas: El creador ¿es hombre o mujer? ¿Alto o bajo? ¿Delgado o gordo? ¿Blanco o negro? ¿Habla Castellano, inglés o Francés? ¿A qué tipo de semejanza se refiere entonces cuando se dice que el hombre fue hecho? Evidentemente a ninguna de ésas verdad? Si un gran número de personas creen que fueron hechos(as) a imagen y semejanza del creador entonces eso quiere decir que estos están creyendo que son la esencia del creador y por lo tanto éste no pudo haber creado nada que no sea perfecto, correcto? Entonces, su creación, necesariamente tiene que haber sido perfecta ¿cierto? Luego, el ser humano es perfecto! ¿Es eso lo que crees y piensas en verdad? Si es así excelente!

Pero vayamos al fondo del asunto en verdad, desde lo más profundo de tu corazón ¿lo crees y lo entiendes así? Tu respuesta probablemente sea que no. Si es así y puedes fundamentar tu respuesta excelente! Pero si no, la pregunta es ¿por qué no? ¿Quién o quienes te hicieron creer lo contrario? Piensa y analiza lo siguiente: Si se niega la perfección de la creación entonces se niega la existencia de quien lo creo, así de simple! Todo lo demás son argumentos vanos y discutibles pero nunca dejaran de ser argumentos!

La verdad es una y esa eres tú! Sin ti, sin ellos, sin mí y sin todos nosotros sencillamente la crea ción no tendría ningún sentido! Por eso es que la verdad reposa en tu interior, despierta! Descubrirás más de lo que te imaginas! Al nacer, todos los humanos sin excepción, nacen con el derecho intrínseco del "Libre Albedrio", es imposible negar tal hecho, como es imposible ocultar al espíritu que da movimiento a tu cuerpo. Afortunadamente, la evolución del mismo ser humano ha perm itido evitar que continúen aberraciones que en épocas no muy distantes se daban con toda naturalidad, cuando por ejemplo ignorantemente se pensaba y creía que el indio y el negro eran seres sin alma, es decir, animales salvajes. Gracias a esa ignorancia reinante y generalizada existente en aquel entonces recibían tratos inhumanos que la historia y el mundo entero han conocido y se ha encargado de condenar.

Países denominados avanzados y desarrollados que se expandían en su afán por conquistar el mundo, dieron muestra fehaciente de tamaña barbarie. La religión imperante de la época igualmente aportó con sus acciones innegables su cuota de complicidad diseminándose más fácilmente el nuevo pensamiento ideológico que se convertiría con el correr del tiempo en posiciones absurdas y desequilibradas que obviamente obtuvieron resultados cada vez más positivos para sus intereses, con pala bras nocivas que intoxicaron la mente humana.

¿Qué sucedió entonces con esa perfección con la que se nace? Se puede presumir que la verdadera naturaleza del ser humano fue y es contaminada involuntariamente, desde el mismo día en que se nace! Mejor dicho, por ignorancia, se inicia un proceso de contaminación largo y sostenido que durará hasta el momento en que la persona caiga en la cuenta de tal polución, si es que llega hacerlo.

Desde el momento del alumbramiento, por medio de palabras y acciones que transmiten los padres, familiares, amigos, escuela, iglesia, medios de comunicación y la sociedad en general, se irá progresivamente incrementando el grado de ésa contaminación "natural". Lo que fue creado perfecto comienza de una manera inconsciente a ser contaminado sistemáticamente alterándose sustancialmente su naturaleza. El cerebro comenzará a percibir y recibir señales contaminadas, lo cual sin duda alterará el centro del nuevo ser, haciendo que éste responda de manera condicionada, a los patrones sociales creados específicamente para determinados intereses.

No hay que olvidar que todo lo que es almacenando en el subconsciente, será la base de los paradigmas y respuestas futuras. Sabemos bien que el ser humano percibe en sus años iniciales las "normas" o guías de "como debe de ser y actuar "en su vida futura. Igualmente sabemos que quienes generalmente proporcionan esas normas o guías, al final de cuentas lo único que han hecho es retransmitir lo que para ellos era lo correcto o simplemente lo que cr eían o creen que es o han sido los facilitadores de esos pensamientos condicionados.

Sobre este punto cabria hacer la pregunta: quien instruyó al instructor o ¿quién educó al educador? Comprobarás sin sorpresa que, obviamente mucha de la información provino en la mayoría de los casos de premisas falsas o equivocadas pero que, al haber sido almacenadas inconscientemente sirven de filtro para lo que son y serán los pensamientos y percepciones de la persona. Así, esas experiencias personales o no, sustentarán miedos e inseguridades las que le acompañarán hasta el momento en que decida revisar lo que hay almacenado en su interior.

Las experiencias negativas dejan huellas profundas en el ser humano que van creando una secuela que al final afectará directa o indirectamente en la vida de la persona, lo quiera ésta o no, lo entienda o no. Es bajo estas circunstancias como la mayoría de los seres humanos son formados, es dentro de esos ciclos repetitivos que se les instruye.

¿Puedes observar y recordar momentáneamente tu situación personal?. ¿Cómo eran o son tus padres? ¿Qué es lo que ellos y el entorno familiar ha significado y/o significa para ti. ¿De dónde vienen o parten tus creencias y la mayoría de tus afirmaciones? ¿Qué rol tienen o han desempañado tus profesores, la iglesia, tus amistades, tus familiares en general en todo esto, en lo cual hoy te encuentras involucrado (a)?

Si eres casado (a) o tienes hijos (as) y los estás formando, observa detenidamente ¿qué es lo que le estás transmitiendo a él, ella o ellos? ¿Cuántas de las cosas que estás transmitiendo son realmente tuyas? ¿Cuántas son realmente de tu pareja? ¿Cuántas provienen de las que les trasmitieron por separado pero que resultan ser las ideas o creencias de terceros? ¿Captas la idea? Eso es todo lo que necesariamente hay que tener muy clar o para determinar si tal o cual paradigma es auténticamente original o es un maquillado pasaje del marchito pasado.

Para comprender mejor lo que sucede en la vida del ser humano, no hay que olvidarse de ese elemento tan importante. En la vida diaria debido al condicionamiento de la mente, cada vez se hace más evidente este fragmento. Por lo general se aprende a creer más en los demás que en uno mismo! Sin embargo, resulta incongruente aceptar esa realidad sin darse cuenta de que no se puede creer en nada ni en nadie, si primero no se aprende a creer en uno mismo, es decir, en el que cree!. En otras palabras, para que pueda creerse, primero hay que creer en el que cree! Si no se cree en lo que hace posible creer, cómo entonces se va a creer en lo creído?

El condicionamiento del pensamiento es tan fuerte y arraigado que es el resultado de lo que te hicieron creer sistemáticamente a través de los años y por todos los medios inimaginables. Probablemente te pueda resultar chocante esta afirmación pero en el fondo, si eres consciente al momento de preguntarte o analizar la situación llegaras al convencimiento de que en realidad así es como ha venido sucediendo todo. La idea ahora es que identifiques individualmente o establezcas el origen de lo que constituyen tus censores o parámetros que gobiernan tu vida.

La intención es que pienses en este asunto tan importante para que veas lo que hay en tu interior, para que definas lo que existe actualm ente en tu mente y compruebes sin equivocación las bases de tus creencias, doctrina y convicciones personales. Que tu convencimiento o asentimientos no sean el reflejo de las opiniones de los demás! Recuerda, la única persona que se beneficiará con todo esto, eres tú. Descubrir cosas interesantes que tal vez no habías considerado anteriormente podrían ayudarte a encontrar lo que siempre has estado buscando!

La base de las creencias, generalmente están en todo lo percibido inicialmente, es decir, aquello a lo que se estuvo expuesto y que indudablemente creían los padres, familiares, profesores, amigos (as) y el representante de la iglesia, claro está! Es toda esa suma de factores y circunstancias las que forman tus convicciones, de las cuales en la mayoría de los casos no se revisa su validez por lo que se sigue pensándolas y actuándolas en su estado original, sin observarlas con la intención de modificarlas, rechazarlas o hacerlas propias, no por ideales, sino más bien por certidumbre.

En muchos casos, se continúa difundiendo pensamientos o ideas que disparatadam ente se han hecho particulares, pero que en realidad no lo son. Más bien en excesivas ocurrencias, contribuyen escasamente al desarrollo individual, convirtiéndose más bien en obstáculos. Con pequeñas dosis de amor, inteligencia y respeto estos impedimentos podrían romperse para alcanzar la verdadera libertad y desarrollo personal. Las primeras confusiones generalmente aparecen cuando se piensa y cree que es por "respeto" a quienes nos guiaron que se deben mantener muchas de las ideas u opiniones que fueron recibidas o inculcadas.

Se olvida que en el caso de ellos, dentro de ese "ciclo natural" igualmente fueron los padres de estos y su entorno cercano los que transmitieron todo lo que en ese entonces era válido y correcto para ellos! Por principio, todo padre o madre desea y quiere lo mejor para sus hijos, de manera que lo primero que debería quedar claramente entendido es que lo que transmitieron, sea lo que haya sido, debemos presumir que nació de un buen sentimiento, de un deseo sano, de una buena intención, por tanto, resulta injustificado cuando se responsabiliza a los padres de haber hecho o dejado de hacer lo que hoy probablemente se cree o entiende diferente.

Fácilmente se olvida el principio del respeto, donde el factor elemental para pedir o recibir deferencia es el dar precisamente lo que se pide. Independiente de cómo haya sido la relación o influencia contigo, de no haber sido por ellos, sería imposible que estuvieras aquí! Ése es un hecho, por tanto, hay que entenderlo, com prenderlo y admitirlo con inteligencia. Solo por esa consideración, el agradecimiento debe ser permanente para los padres! Sin embargo, observamos con aflicción como en muchísimos casos, los hijos fácilmente juzgan a sus padres de cosas que estos transmitieron o dejaron de difundir, responsabilizándolos de algo inexistente.

Se olvidan por com pleto que en su momento algo similar sucederá con ellos mismos, si no caen conscientemente en la cuenta de lo que están equivocadamente haciendo. No es extraño que muchos hijos se avergüencen de sus padres como resultado de su ignorancia, al no reconocer, valorar y menos entender oportunamente el rol que ellos profesaron en sus vidas.

Pasado el tiempo y luego de caer en la cuenta de los errores personales, por lo general resulta tarde para transmitir algún sentimiento ya que en la mayoría de los casos, los padres físicamente no están a su lado, lo cual crea un sentimiento de pesar que le acompañará hasta que lo permita por haber manejado el asunto de una forma indeseada.

Muchos padres igualmente al evaluar las acciones que hicieron o dejaron de hacer durante la formación de sus hijos se sienten culpables de sus actos sin tener por qué. Cuando se habla de obligación, necesariamente se debe comprender que ésta nace del compromiso individual y moral que se tiene con uno mismo. Cada quien debe hacer lo que le corresponda a fin de entender y comprender mejor su rol en la vida.

El aprendizaje es y será siempre personal. Sobre todo, no hay verdadero aprendizaje sin práctica. Los hierros y logros que se obtienen durante el proceso de apr endizaje, son exclusividad de quien los actúa. En esencia, somos parte de un todo y como tal, todas las partes tienen una tarea y función específica dentro de ese contexto. En ese sentido, lo que habría que entender y comprender es que nadie es más o menos que nadie, de manera que todas las personas sin excepción deberíamos comprender que jugamos un rol importante y exclusivo en la vida y en el gran plan universal del cual somos su evidencia.

La responsabilidad es individual. No hay que perder energía y menos el tiempo tr atando de justificar errores buscando culpables, como desafortunadamente enseña y condiciona el pensamiento limitado. Si buscamos comprender mejor todo esto, analicemos un poco la niñez. Es una etapa de la vida, por la cual todos necesariamente transitamos en un momento.

Comprendamos que la inocencia es una de las virtudes propias de los niños. Es el punto de partida donde puede y debe comenzar nuestra revisión o análisis para entender mejor y obtener las respuestas a las preguntas que nos formulamos frecuentemente. Todos hemos sido niños o niñas y de alguna forma todavía llevamos ese espíritu en nuestro interior. Alguien lo puede negar ? Indaga ahora mismo! ¿Dónde está entonces ese niño o niña que hay dentro ti? ¿Dónde se quedó? ¿En qué etapa o parte de tu vida te alejaste u olvidaste de él o ella? ¿Lo Recuerdas?

Si haces un pequeño ejercicio te darás cuenta de manera práctica y efectiva como funciona en realidad todo esto. Recuerda cuando eras niño o niña. ¿Cómo veías la vida? ¿Qué pensabas de la vida? ¿Creías en todo lo que te decían? ¿Tu imaginación volaba y fantaseaba muy a menudo, lo recuerdas? ¿Y qué pasa ahora que eres un adulto? ¿Cómo ves la vida? ¿Qué piensas de los niños? ¿Cuándo piensa en ellos te recuerda en algo tu niñez? ¿Creen los niños todo lo que tú o las personas que los rodean les dicen? Tal vez estés pensando que no Que los niños de ahora son "más listos o inteligentes que los de antes"! Si ese es tu pensamiento o creencia, pues eso es lo que es! Al menos para ti! Sin embargo, si esa fuese la situación real, lo único que habría que comprender mejor es la m agnitud del condicionamiento del pensamiento.

¿Cuál es la percepción generalizada hoy en día sobre los niños? ¿Qué son más inteligentes que los niños del pasado, verdad? Pues vamos a demostrar que solamente es una percepción alimentada por los pensamientos condicionados, pero carentes de veracidad. El niño (a) mejor dicho el ser humano de ayer, hoy y mañana, desde que fue creado es inteligente y perfecto evolucionando constantemente como la naturaleza misma.

El mundo o la naturaleza no han dejado ni perdido su perfección. A pesar de que el mundo en el que vivimos hoy no es igual al de hace mil, dos mil, o diez mil años atrás, la maravilla de la naturaleza está ahí, siempre ha estado presente evolucionando firmemente dentro del marco de la excelencia. Si esto sucede con el mundo, ¿por qué habría de suceder algo diferente con los niños o los seres humanos?

La inteligencia de ayer no es la misma que la de hoy sencillamente porque está en movimiento constante, por tanto es inútil pensar que los seres humanos de hoy, en este caso los niños(a) son más inteligentes que los del pasado; evidentemente ésa es una r espuesta que solamente interesa al Ego para seguir confundiendo. La realidad es que la capacidad humana, ha sido es y será poco entendible para el propio ser humano.

Si un niño(a) de hoy es capaz de "jugar" con sistemas de alta tecnología con habilidades increíbles eso no quiere decir en forma alguna que ese niño(a) es más inteligente que los niños que jugaban con "piedras en el pasado" sencillam ente demuestra que los niños (as) de cualquier época, responden inteligentemente a los estímulos y condiciones a las que se les expone, debido a su comprensión natural.

Los niños (as) de hoy están condicionados y alimentados por medio de la tecnología. Son más las horas que esos niños (as) están con éstos aparatos que con los seres humanos especialmente con sus padres y elementos afectivos, de manera que el amor, los valores primarios y los sentimientos naturales son fácilmente distorsionados y remplazados por las emociones creadas artificialmente y que en ningún caso ofrecerá la tecnología.

Si bien es cierto tenemos niños (as) jóvenes y adultos aparentemente "más inteligentes" y hábiles con las computadoras, juegos electrónicos, redes sociales y toda esa gama de "avance tecnológico", no es menos cierto que probablemente éstos se encuentren más contaminados, confundidos y deshumanizados, ante la falta, perdida, o alteración de la escala de valores evidenciada con la exposición constante a esos elementos.

Los niños (as) sin embargo, tienen esa fragancia natural a limpio, sano, bueno, transparente que difícilmente se puede confundir. Por eso ellos perdonan todo! Claro y por qué no habrían de hacerlo, si así es la naturaleza de los niños! Ésa es la gran virtud de los niños, su inocencia! Ellos ven la vida, las cosas y a las personas con otros ojos!
No tienen maldad, ni malos pensamientos! Todo lo que tienen es amor e inocencia. Ellos no tienen preocupaciones, tienen sueños y fantasías. Eso los hace felices!

¿Te recuerdas soñando y fantaseando? ¿Es bueno o malo hacerlo, qué piensas? ¿Cuándo fue entonces que empezaste a perder o perdiste esa inocencia? ¿Qué motivó que eso sucediera? ¿Es malo ver las cosas con ésa inocencia de niños? ¿Por qué?

Son los niños quienes en muchas ocasiones nos dan lecciones de vida cuando contemplamos como se desplazan con naturalidad, sin temores, juegan, ríen, pelean y luego vuelven a sonreír. Reanudan su relación sin tener que perdonar, sencillamente porque no hay nada que perdonar según lo que hay en su mente fresca, sana y poco contaminada! Vemos como naturalmente regalan amor sin discriminación, con ternura, dulzura y todo lo que solamente pueden dar las almas limpias y buenas

¿En qué momento se pierde todo eso es la pregunta? ¿Son las personas, el sistema en el que vivimos o nosotros mismos los que cambiamos nuestra forma de ver la vida, el mundo y todo cuanto nos rodea?¿De ser así en qué momento se produce todo eso? ¿En qué momento dejaste de ser niño (a) para convertirte en lo que eres ahora? ¿En qué momento dejamos de ser inocentes para convertimos en ignorantes o es que somos ignorantes por no ser inocentes?

Los ojos comienzan a ver cosas que antes no veían. ¿El pensamiento empieza a mostrar atisbos que antes no se imaginaban, por qué? Se piensa, pero ahora con una dosis de malicia, como resultado de las acciones contaminantes que podamos haber retenido consciente o inconscientemente durante nuestro desarrollo.

Si se reflexiona sobre la existencia de un ser Supremo, habría que concluir que si fuimos creados a imagen y semejanza de éste, entonces todos somos sanos, buenos e inteligentes y con libre albedrío. Todos tenemos la libertad y la oportunidad de descubrirnos y descubrir lo que nos rodea, todos tenemos la oportunidad de llegar a a conocernos, de saber realm ente quienes somos que hacemos y para que estamos aquí.

La información codificada está en nuestro interior, siempre lo ha estado, lo que pasa es que hemos aprendido o nos han enseñado a ver las cosas feas, difíciles y complejas, pero las simples y buenas difícilmente las vemos con la misma intención o rapidez. Es más fácil observar lo malo que lo bueno, eso es una práctica común que generalmente conduce al dolor.

Todo lo bueno vino contigo, todo está ahí, siempre lo ha estado, únicamente hay que creerlo para localizarlo y practicarlo! Todo lo que hay que descubrir está ahí, lo que pasa es que no sabemos buscar, simplemente desistimos de hacerlo tan pronto se presenta algún obstáculo. Ésa es la tendencia en el mundo! Entre hacer y dejar de hacer por lo general se elige lo más fácil. Sin pensar dos veces se opta por lo último ya que es más fácil dejar de hacer que hacer!

Desdichadamente han sido los mismos seres humanos los que por ignorancia e intereses oscuros han contaminado la mente de sus propios congéneres en este caso los niños (as). Hoy en día, muchas veces impedimos involuntariamente nuestro desarrollo por todo lo que nos han hecho creer.

La inteligencia no es algo adquirido, se nace con ella, consecuentemente todos somos inteligentes. Es intrínseca a la natur aleza, a la vida misma. La vida no puede existir sin inteligencia. Se cree que la perfección no existe, mucho menos que se puede llegar a alcanzar y claro, como va a poder ser eso posible, si el condicionamiento de la mente es tan antiguo como lo es el mismo hombre!

Tener el convencimiento de que se es perfecto, no es ni debe ser sinónimo de locura ni arrogancia; por el contrario, ignorar una evidencia tan clara como ésa es alejarse cada vez más de la verdad, la cual desde el comienzo habita en tu interior.

Individualmente obsérvese sin apasionamientos, sin influencias, sin condicionamientos, alejado de todos los patrones de pensamiento, observa tu mente, comprobaras situaciones aparentemente confusas que duermen en tu interior. Solo así podrás concluir con las creencias que decidas. Se vive, se lucha y se muere por ideas, de manera que no haríamos nada mal si refrescamos algunas de las que ya se tienen en la m ente. ¿Estamos de acuerdo?

¿Por qué al niño o niña inocente que viene al mundo se le debe alimentar con información inexacta y perjudicial para su formación y desarrollo? ¿Por qué hacerles creer en el pecado, inculcando el miedo en su mente, lográndose de esta forma convertir la inteligencia en una deficiencia común?. ¿La naturaleza es perfecta o alguien tiene duda de eso? ¿Nosotros somos la naturaleza misma o parte de ella? La esencia de la vida es perfecta.

¿No es perfecta la concepción, gestación y nacimiento del nuevo ser? Y ¿qué del papel de la madre en todo ese proceso, acaso no es perfecto? ¿Cómo podemos ser tan mezquinos para con nosotros mismos y dejar de reconocer la perfección del cuerpo humano? ¿No es sinónimo de perfección el aparato respiratorio que te permite respirar inconscientemente desde el día que naces hasta que mueres? ¿Cómo se le puede llamar al funcionamiento de tu corazón, tus pulmones, tu aparato digestivo por citar algunos, realmente crees que no son perfectos? ¿Conoces realmente como funciona tu cerebro? ¿Sabes de la capacidad que tiene tu cerebro? ¿Lo utilizas apropiadamente? ¿Crees en verdad en todo el potencial que tienes? ¿Por qué no?

Se ha establecido en diversos estudios científicos que el ser humano desconoce la capacidad y el potencial que tiene su cerebro. Si partimos de esa premisa, cómo podemos esperar que los seres humanos cambien o se superen día a día, si en esencia desconocen la capacidad de su propio cerebro?

La situación se complica mucho más incluso, cuando en diferentes sociedades no se dan las condiciones mínimas que permitan que la persona se desarrolle en condiciones socialmente aceptables. Para que comience a producirse un diminuto desarrollo personal, lo primero que se debe de manifestar es la toma de conciencia individual. Cuando esto suceda, los mecanismos existentes en su interior se activaran autom áticamente haciendo posible que surja esa energía especial que necesita ser activada para comenzar a realizar su trabajo.

Si observas que la mayoría de padres, madres y adultos que están formando o instruyendo nuevas personas, transmiten todo lo contrario o necesario para el buen desarrollo de ese ser, comprenderás mejor lo difícil que resulta transitar bajo esas influencias. Manifestaciones sistemáticas como: "Eres un inútil", "no sabes hacer nada" "eres un bueno para nada" "solamente yo tengo la culpa por consentirte" "¿Cuándo vas a aprender?""¿Por qué no eres como tu hermano o hermana?" "¿Por qué no eres como el hijo o hija del vecino?" "Eres igual de inútil que tu padre, o madre" "¿Hasta cuándo voy a tener que hacer las cosas por ti?"¿Te suenan familiares estas expresiones? ¿Cómo podría entonces un ser cualquiera mantenerse perfecto y desarrollarse en esas condiciones? Si repetidamente se le inculca desde su nacimiento todas esas negatividades que obviamente van a condicionar e influir su persona de manera determinante.

Es más fácil pues pensar y hacer creer que no se es perfecto, pues dentro de ésa imperfección está la imposibilidad de aceptar lo contrario, hacerlo sería perder la identidad que se tiene sobre esa forma de vivir. Observa, sin juzgar o justificar, solamente observa. ¿Qué es lo que crees de ti mismo(a)? ¿Eres bueno (a)?, ¿te gusta ayudar y hacer el bien o todo lo contrario? O tal vez te resulta indiferente, total, no es tu "problema" como pueden decir muchos. ¿Sientes el dolor, la tristeza ajena, el amor y la compasión?
Las respuestas te servirán de mucho para comprender sin dubitaciones si cre es en ti o no.

Nadie Puede dar lo que no tiene, ni perder lo que nunca tuvo, mucho menos sentir lo que no piensa, siente ni cree! Si crees que eres parte de la creación que fuiste hecho (a) a imagen y semejanza de un Ser Supremo, entonces, cómo es posible que tú mismo (a) sabotees tus propias cre encias o pensamientos al pensar y ¿creer todo lo contrario? Se dice que no eres perfecto (a), afirmando que eres pecador(a), has venido al mundo a sufrir, la felicidad no ha sido creada para ti y las limitaciones están a la orden del día.

Se piensa que la pobreza y la infelicidad son y serán una constante en tu vida! ¿No sería mucho más justo e inteligente pensar que eres parte de la manifestación de la creación que eres la vida o la perpetuación de la misma, que la inteligencia infinita te ha dotado de todo lo necesario para ser feliz pero, que es justo que lo descubras por ti mismo (a) para que goces de ésa dicha a cada momento que experimentas la grandeza de la creación?

Las religiones en el mundo son tan antiguas como el hombre y son entes que forman parte de la propia actividad humana, basadas en prácticas y creencias sobre todo aquello que se considera sagrado, divino y que guarda relación con los valores morales y espirituales de las personas. Puede observarse fácilmente como muchas religiones alrededor del mundo han alienado la mente de millones de personas, proclamándose como las pioneras o las representantes de la luz que permite la iluminación o el camino hacia la verdad. Muchas falsas creencias han calado profundamente en la conciencia colectiva de manera que resulta cada vez más complicado salir de esa maraña contaminante que significa y representa el miedo a lo desconocido.

El elemento fundamental de cualquier religión en el mundo es la fe, por tanto, si cada quien busca su propia respuesta y la encuentra como debe de ser, entonces la religión no será otra que su propia religión, la cual estará fundada y fundamentada por la fe que se tenga a sí mismo (a), en la fortaleza de sus creencias individuales que emanaran de su interior que no es otro lugar que el templo del cual hablan muchas escrituras.

Si descubres y com pruebas por ti mismo (a) que en tu interior está la morada de ese ser superior, comprenderás más fácilmente por qué tú cuerpo es el Templo que debes cuidar y proteger para mantener ésa comunión permanente con tu creador. Si anteriormente no habías visualizado la connivencia de esta pregunta, ahora comprenderás mejor por qué resulta imprescindible que aprendas a creer en ti mismo (a), solamente así, lograras identificarte cada vez más con tu propio ser que no es tu cuerpo, pero que sí habita en él.

Volviendo a los niños, si eres capaz de observar la inteligencia natural de éstos, podrás aprender mucho de ellos, es decir mucho de tu propio niño (a) que yace dormido en alguna parte de tu interior. Ahí fue donde se quedó cuando tal vez en ese ciclo vicioso de la vida, los adultos por ignorancia impidieron que siguieras siendo niño(a) y comenzaste a ver y entender las cosas de una manera diferente gracias a ese condicionamiento del pensamiento colectivo.

Al momento que el niño (a) tom a consciencia de su inteligencia, surge el gran problema que le acompañará por el resto de su vida. Igualmente siente su ego y éste comienza a crecer con el sin darse cuenta, llegando muchas veces a convertirse en un gigante. Desafortunadamente padres, familia, escuela, amigos (as) y la sociedad en su conjunto ayudan torpemente con el tiempo a r eforzar el desarrollo del ego de tal forma que cuanto m ás fuerte se hace, más envuelve u oculta la luz de la inteligencia.

La inteligencia pre cisamente es electricidad, sensibilidad, delicadeza, mientras que el ego es oscuridad, crueldad y dureza. Si quieres aprender a creer en ti, comienza por recuperar esa luminosidad, esa sensibilidad y delicadeza natural que hay en ti, no permitas que tu ego siga llevándote por caminos equivocados.

Piensa y actúa con la naturalidad de un niño, si vez o sientes alguna resistencia en tu interior por mínima que ésta sea, ten la plena seguridad que tu ego, aún sigue gobernando tu vida.

Difícilmente se puede cr eer si no se ama, así que igualmente asegúrate de que en verdad has aprendido a amarte ya que nunca se puede dar lo que no se tiene, de manera que primero llénate de tu amor, para que luego éste exhale por tus poros.

El amor no tiene contrario, por tanto, si persiste algún sentimiento que te impida amarte con toda libertad, quiere decir que todavía no has logrado encontrar el amor que hay en ti. Cuando reconozcas y sientas al mirarte delante de un espejo que la imagen que se encuentra frente a ti te produce vibraciones de emoción y alegría, comprobaras sin duda que es el reflejo de tu amor que hace temblar las fibras más íntimas de tu ser.

La experiencia demuestra que a tr avés del tiempo, el pensamiento condicionado ha logrado hacer creer a millones de personas que más importante es lo que piensan, dicen, o hacen otras personas antes de lo que piensan y creen ellas de sí mismas. Se puede observar como los niños (as), comienzan en los colegios a experimentar esas presiones que se irán incrementando a lo largo de sus vidas en la universidad, trabajo, la iglesia, club, familia o, con los amigos.

Todos resultarán siendo más importantes, sin quererlo reconocer o admitir, sencillamente porque no se entiende y menos comprenden las situaciones que las motivan. Durante su práctica y desarrollo se confirmaran inequívocamente los resultados negativos que todo esto ocasiona no solamente a la persona sino a su entorno en general.

Las convicciones, amor, respeto y todo cuanto constituyen los fundamentos del individuo, se siembran y cultivan en forma progresiva; desafortunadamente, casi siempre estos valores quedan relegados a la preocupación e intereses de los demás. El ego hace nuevamente de las suyas. Lo más importante para él es que lo amen, admiren y consientan en todo, antes de permitir que sea la persona quien experimente ese amor, respeto y consentimiento por ella misma.

¿Te gustaría hacer un ejercicio, para comprobarlo? Recuerda que sucedía en tu época escolar o tal vez que está sucediendo ahora con tus hijos, primos o familiares que se encuentran en el colegio. ¿Vez en tu recuerdo lo que sucedía? ¿Qué está pasando hoy día en las escuelas? ¿Dónde comienza la moda o las nuevas corrientes estereotipadas? ¿Cuáles son las nuevas costumbres que adoptan nuestros jóvenes? ¿Cómo aparecen, por qué y para qué? ¿No es nada extraño que hayas visto o tal vez te haya sucedido que repentinamente adoptas o adoptaste una nueva actitud, un nuevo modo de hablar, vestir, caminar o hacer las cosas, verdad? Por qué crees que suceden esos cambios?

Si sucedieron luego de una observación, reflexión o meditación y decidiste efectuar tales innovaciones o cambios, fantástico en hora buena!, pero, sabemos perfectamente que cuando eso sucede lo menos que se ha hecho es ser conscientes de lo que ocurre, sencillamente se hace porque se quiere hacer y punto!

De pronto los hijos o los jóvenes ven a los padres o las personas mayores como equivocadas, desfasadas, algunas veces los hacen lucir o sentir como anacrónicas o como parte de algún capítulo olvidado de la historia. Los niños(as) comienzan a experimentar un sentimiento de rechazo hacia sus padres, sienten en algunos casos vergüenza de ellos! Vaya semejante ignorancia y estupidez pero, la creencia o actitud para con ellos seguirá siendo la misma, cada vez más disfrazada!

Es común o normal cuando esto sucede que el niño (a) o joven se pregunte en esos momentos ¿cuál es el origen de esa nueva actitud? ¿Por qué ese cambio repentino? Claro que no! Comienza a creer equivocadamente que es natural, como que es parte de un proceso nor mal, mientras que la irreverencia habitual de la edad, alimentada por el ego en pleno desarrollo le hace creer una vez más que tiene la razón y que las cosas son porque tienen que ser!

Solo el tiempo y la madurez demostraran sin equivocación alguna que pudo haber actuado mejor, si respondía en base a sus propias convicciones y no en soporte a las guías y parámetros del pensamiento condicionado por la sociedad en la que vivía en esos momentos, más específicamente por su apego inconsciente a una realidad irr eal.

Resulta fácil disfrazar sutilmente las cosas o las acciones como propias y eso es lo que desafortunadamente sucede muy comúnmente. En la etapa del enamoramiento, de la relación consentida, ambas personas por lo general actúan en función de la otra y no como respuesta a sus convicciones personales, lógico, solamente hasta que se logre alcanzar lo que se quiere o persigue.

Una vez conseguido el propósito se actúa sin reparo por cuanto se consiguió lo que en verdad se quería. De esta forma, se continúa en el ciclo vicioso del "querer". ¿Te gustaría comprobarlo? Recuerda cuando estabas enamorado (a) de seguro hacías "regalillos" la (o) llevabas a lugares exquisitos y agradables, hacías prácticamente lo que te pedían que hagas, sencillamente hablabas difer ente y ¿qué paso después? ¿Qué cambió ? ¿Ya no estás enamorada(o)? ¿Cambió él o ella? ¿Sabes por qué? La respuesta es sencilla. El encanto se acabó! El interés, se extinguió!

¿La pregunta es por qué? Busca tu respuesta, pero no temas enfrentar la contestación que recibas con honestidad, ella te dará una lectura clara de lo que está pasando o de lo que pasó! ¿Cómo puedes creer en ti, si en realidad no comprendes bien todo esto? Obviamente tal vez ésta sea una de las múltiples razones por las que muchas personas prefieren ignorar la pregunta. Tanta inestabilidad no puede ser posible. ¿Por qué tanta irrealidad? Sencillo! Lo falso es una ilusión de lo sincero!

Gracias al condicionamiento del pensamiento la gente actúa sin pensar o sentir, se conduce más que por una razón, por una reacción! Conseguido lo que se quiere ¿para qué seguir queriendo? Entonces, lo que inequívocamente falta es amor! Y falta por la sencilla razón de que éste se ha visto remplazado por el "querer" que es otro asunto completamente distinto, conforme lo hemos mencionado en otros capítulos de este libro.

¿Cambió él o ella? Es la pregunta que normalmente se hace gracias a la influencia del condicionamiento. En realidad, no cambia el ni ella, sencillamente quien cae en la cuenta de algo eres tú! Pero, ¿en verdad lo entendías así? ¿Lo entendiste así? Aquí es donde se debería producir una observación profunda de lo que hay en tu interior.

Generalmente, la gente se siente ofendida, lastimada, traicionada, aludida, engañada, víctima del desamor y sus variadas consecuencias. ¿Qué es lo que e n realidad sucede? ¿En verdad crees que te pueden ofender , lastimar, traicionar, engañar, dejar de amar, dejar de querer? Personalmente creo que sí, es más, el condicionamiento del pensamiento y de la mente así te lo hace sentir y comprender claramente. Lo que sucede es que hay una distinción muy grande y fundamental entre lo que otra persona pueda hacer y lo que tú puedas perm itir que haga!

No puedes evitar, menos impedir que una persona diga ni haga algo en contra de ti, ¿correcto? De la misma forma como es imposible evitar que mañana salga el sol, llueva o haga frío! Pero lo que si puedes es controlar tu capacidad de respuesta ante lo que dijo o hizo tal persona.

De manera que, nada ni nadie tiene la capacidad o el poder como para ofenderte, lastimarte, traicionarte engañarte, ni hacerte sentir lo que tú voluntariamente no deseas sentir ni consentir! Si lo sufres es porque lo consientes! Si lo padeces, es porque lo permites y lo autorizas, caso contrario, sería imposible experiméntalo!

Cuando se es "víctima" de alguna infidelidad comúnmente se suele pensar, decir o sentir: "me engaño", "me traicionó con otro"(a) verdad Obviamente el resultado del condicionamiento pretende buscar la victimización, el drama y el sufrimiento en tu propia persona. Más fácil sería entender y comprender que "él o ella" no te engañaron, ni traicionaron, todo lo contrario, te hicieron un favor! Porque sus acciones permitieron que te dieras cuenta de que si alguien falló, ese alguien, sencillamente fuiste tú, porque le diste a la persona o personas, más valor del que en realidad tienen o tenían!

Tus expectativas para con él o con ella, fueron superiores a lo que en realidad él o ella podían responder o merecer! Ahí está el "kit del asunto" Fuiste tú quien valoró y midió a la persona ¿pero, lo ves así?, ¿lo entiendes o comprendes de esa forma? Sobrevaloraste a la persona y al mostrarse ésta tal cual es, te sientes mal, defraudada (o), desilusionada (a) con él o con ella porque equivocadamente sigues creyendo que es o fue la causa de tu infelicidad.

En realidad, no aceptas haberte equivocado, te resulta más fácil trasladar la responsabilidad al otro lado, de ésta forma, "crees" que te vas a sentir "menos culpable" pero lo que en verdad sucede es que vas a seguir confundiendo cada vez más, simplemente por no entender o comprender la raíz del asunto! En ese sentido, siempre te vas a sentir como tú quieras sentirte y no como equivocadamente se piensa y repite: "me haces sentir mal", "me molestó" "me fastidió" "me ofendió!" Nada ni nadie tiene el poder o capacidad para para hacerlo, únicamente tú!

Solamente observando cada una de estas situaciones puedes mejor comprender muchas cosas pero, para ello es imprescindible que lo hagas personalmente, con calma, reflexionando y dando gracias a la inteligencia infinita por el entendimiento cada vez mayor. Estar consciente de esta realidad es fundamental.

En un aspecto mucho más profundo inclusive, podrán privar tu libertad física, podrán violar tu cuerpo, podrán inculcarte

cosas y condicionar tus pensamientos, podrán hacerte experimentar la muerte inclusive pero, lo que jamás podrá nadie hacer será m atar o eliminar tu vida.
Eso definitivamente no podrán!

Sencillamente porque la vida no se puede eliminar, ni extinguir! Vives y seguirás viviendo por toda la eternidad. Lo harás por medio de tus hijos y los hijos de estos, así como los padres y ancestros siguen y seguirán viviendo a tr avés de cada uno de los seres humanos, en este caso igualmente a través de ti. Si revisas con atención uno de los mandamientos expresados en el antiguo testamento, observaras que dice textualmente: "No Mataras".

Cada quien interpreta y podrá interpretar el o los mandamientos a su manera en base a sus convicciones y creencias religiosas pero, deber á hacerlo, sin olvidarse de la influencia que existe y ha existido siempre especialmente por parte de éstas últimas. Típica y generalmente se ha interpretado y se interpreta el mandamiento como una prohibición. En este caso específico el de " No Matar"

Si se continúa con la misma fuente se puede observar que Moisés, fue elegido para guiar y conducir al pueblo hebreo hacia la "tierra prometida". Para la religión judía, fue y es el profeta de los profetas. En su camino o peregrinaje por el mundo, Moisés llegó a matar, es decir eliminó a un ser humano, sacrificando a un semejante por defender a otro. Sin embargo, por éste acto involuntario el personaje no dejó de ser quien fue y es para los creyentes de esa religión o ¿sí?

Concretamente, Moisés ajustició a una persona. La mató! Ahora bien, si se interpreta la escritura literalmente entonces Moisés, infringió la Ley Sagrada, consecuentemente, éste acto le convirtió en asesino! Así de simple! Si se aplicara el criterio propalado por la religión judía o católica, éste sería sin dudas "un pecador", un criminal, un reo de cárcel, un enemigo de la sociedad, ¿verdad? Sin embargo, sabemos bien que para esos creyentes y millones de otras personas en el mundo no lo fue, más bien fue todo lo contrario! Fue un elegido, un virtuoso!

Toda esta reflexión nos lleva a la presunción de que el mandamiento como tal, pueda ser que tal vez no haya sido dictado con la intención de prohibir lo que no se puede cumplir, sino más bien advertir, lo que se debe informar, para pensar mejor en las consecuencias de tal acción. El condicionamiento del pensamiento en éste caso es limitado, al punto de que se "cree" es un pecado mortal y no una advertencia de vida Creemos que decir "No Mataras" en realidad, es la afirmación indiscutible de que sencillamente NO se puede matar la vida!

El matar a un ser humano no significa "quitarle la vida" como se piensa y cree o como ese pensamiento condicionado ha hecho creer. El cuerpo podrá perder su movimiento, como que de hecho así sucede al producirse la muerte, quedará inerte sin la energía que le daba la fuerza pero, la vida que está dentro de ese cuerpo, la existencia como tal, no puede ser exterminada, ni acabada jamás, por nada ni por nadie!

Se podrá destruir y matar el corazón como órgano, se conseguirá que deje de latir, pero jamás la esencia de la vibración misma dejara de ser, por cuanto es la energía de la vida que fluye a través del espíritu y del mundo. La energía no se puede ver, tocar, mucho menos matar! La energía es el alma, el espíritu el cual simplemente no se puede destruir, menos matar.

Creemos que el mandamiento podría entenderse mejor como: "No pierdas el tiempo tratando de matar lo que no podrás hacer "jamás" Si lo haces o si solamente lo intentas fijaras claramente lo que te corresponda. "Ojo por ojo y diente por diente" es el equivalente que recibirás en algún momento de tú larga existencia, de manera que no mates lo que no puedes matar! La Ley de la causa y efecto es infalible! No lo olvides! Es natural y universal.

Cambiando un poco el enfoque, volvamos a observar que es lo que sucede luego de la etapa del enamoramiento. Típicamente suele venir el matrimonio ¿verdad? Bueno, con honrosas excepciones éste es un contrato que se cumple porque "hay que cumplirlo para evitar daños o complicaciones mayores" según algunos. Lo cierto que mucha gente hoy en día se casa porque se casa pero, sin saber realmente por qué y para qué lo hacen!

Se conocieron en el Internet, no se han visto, no se conocen pero, "dicen" que se "aman" y claro "ese amor" va a durar casi lo mismo que demorará cualquier persona en darse cuenta que hay un virus en el computador! ¿Por qué lo hacen entonces? Bueno, nuevamente la moda, la fantasía y el condicionamiento del pensamiento tienen su parte en todo esto, pero claro, quien quiere o desea aceptar eso como una realidad?

¿Se piensa antes de actuar? La mayor cantidad de veces sabemos que no! Sencillamente se reacciona o se actúa en base al condicionamiento del cual es o está expuesta la persona. Se conocieron en la discoteca, una fiesta o en alguna actividad social. ¿Qué es lo que pasa? No hay mucha diferencia, el "guion" es el mismo! El seducido ego únicamente goza con la seducción y le encanta sentirse bien, sea lo que haya que hacer pero, dirá "tengo derecho" a ser feliz "soy libre" para hacer lo que guste y es mi vida.

Generalmente, son las frases que suelen invadir la mente de las personas bien condicionadas. En realidad, si se instituyera la estupidez como un delito, no serían pocos los procesados por el referido ilícito penal, en tal sentido, habría que asegurarse de que para ese delito, en ningún caso conlleve pena privativa de la libertad, ya que de ser así, los centros penitenciarios no podrían albergar tanto sentenciado por estupidez!

Hoy en día, es muy común que la gente se case por interés que por otra cosa, salvo claro está, por "obligación" que igualmente tiene un altísimo porcentaje sin duda! De ahí que abunden los matrimonios disparatados y cada cual más imprudente que otro. ¿Y el amor? Déjate de tonterías gritarán muchos! ¿Qué es eso? ¿Para qué sirve? ¿Puedo pagar las facturas con amor? ¿Puedo comprar cosas con amor? dirán muchos otros!

Aparentemente tendrían su dosis de razón si se enfocan plenamente en el materialismo pero, ¿qué hay de cierto en eso de que "no únicamente de pan vive el hombre" Pues bien, si solamente se piensa y cree que con dinero se puede comprar o tener todo, eso igualmente es parte de ese pensamiento condicionado y equivocado ya que con todo el dinero del mundo jamás se podrá comprar salud, amor y menos extender el tiempo!

Frescamente el ego volverá a ejercer su dominio, convenciéndote de que "con dinero no hay problema!" y vaya que si lo creen muchísimas personas, especialmente todas aquellas que en realidad viven en una profunda pobreza espiritual!

En realidad no es ningún delito ser rico, así como en verdad no es ninguna virtud el ser pobre, como nos han hecho cr eer a través del pensamiento condicionado. Si existe algún crimen con eso, podría ser el simple hecho de acumular el dinero, obstaculizando que éste circule libremente para que llegue hasta donde el que ciertamente lo necesite!

Los que tienen dinero y lo invierten o circulan en acciones positivas que generan fuentes de trabajo, viviendas, hospitales, colegios empresas etc., son personas que entienden bien el significado de la abundancia. ¿Cuál es el problema con eso? Hay gente que no tiene una gran cantidad de dinero, sin embargo, son ricos! ¿Cómo así?

Espiritualmente son ricos porque han comprendido que el dinero únicamente es un medio, mientras que el canal o los canales por los cuales llega ese medio son ilimitados e inimaginables; así como que hay gente que posee inmensas cantidades de dinero, pero que son pobres! Sencillamente porque desconocen totalm ente el amor, el respeto, la confianza y la libertad pero, lo peor no es eso, lo es el hecho de que no pueden obtenerlo aun teniendo todo el dinero del mundo, viven en una absoluta miseria!

Examina tus pensamientos y sentimientos con relación al dinero y todo lo material. Encuentra la sustancia en cada una de tus respuestas solamente así te convencerás y estarás seguro (a) de ti mismo (a) y podrás creer en ti con toda tú fuerza y corazón! El dinero no es malo, no lo son igualmente ni los ricos ni los pobres; lo realmente nocivo es crear, fomentar y alimentar la conciencia de pobreza que es lo que aniquila, paraliza y destruye las aspiraciones de cualquier ser humano.

Por el contrario, creando, fomentando y alimentando la conciencia de prosperidad y abundancia, otros serían los resultados ya que por principio entenderíamos, comprenderíamos y reconoceríamos que somos personas inteligentes que vivimos en nuestro planeta, donde el aire que respiramos, la tierra por la que transitamos y las aguas dónde nos deslizamos, nos pertenece a todos por igual.

Las fronteras y limitaciones están en las mentes donde el ego es el amo y señor. Eso es lo que realmente habría que tomar consciencia. Las fronteras, los gobiernos, las religiones, los idiomas y las banderas son el resultado de ese condicionamiento del pensamiento el cual divide, castiga y daña lo más precioso que hay en la tierra: Los seres humanos!

Tú eres lo más importante que hay en el planeta, eres la vida, la perfección, la materialización de la creación, eres el cimiento de cualquier religión, eres el soporte de cualquier gobierno, eso eres tú! Convencerte por ti mismo (a) y actuar como te corresponde es tu trabajo. Primero piensa que siempre te mereces lo mejor, porque eres lo mejor, no lo pienses con arrogancia, hazlo con humildad, porque ésa es la verdad! Que no te hagan creer lo que no es! Tú eres lo que eres, porque así lo decides y lo haces únicamente tú!

Puedes olvidarte de la dependencia o la independencia, sin embargo entiendes que son etapas indispensables en la vida de los seres humanos pero, comprende bien que eres un ser interdependiente! Dependes de otros, de la misma forma como esos otros también dependen de Ti!
No eres más ni menos que nadie. Solo eres tú! Disfruta plenamente de eso! Todo lo que decidas hacer hazlo por ti, absolutamente todo lo que hagas para ti hazlo con la convicción de que igualmente lo haces o lo harás para otros.

Participa en todo lo que signifique o represente bienestar para ti y para todos los involucrados.
No hagas absolutamente nada que perjudique a otras personas. No hagas a otros lo que no te gustaría que te

hagan a ti. Aprende a creer en ti, hacerlo significa inspirarte en tu propia fe, la cual es y será el resultado de tus propias convicciones.

Recuerda y no olvides nunca, el cimiento de toda religión es la fe. Por tanto, la auténtica religión que en verdad profesas es la religión hacia ti mismo (a), porque tu fe está en tu interior y proviene de ti! Como individuo, eres el soporte de cualquier religión en el mundo pero, hay que comprender que ésa religión, cualquiera que fuera está basada en la fe de su propia doctrina y filosofía, la cual inconscientemente se convertirá en tu fe cuando la adoptes como tuya.

Gracias al condicionamiento del pensamiento, se omite algo fundamental en todo ese proceso y es el hecho de que para que exista fe, antes hay que creer, pero para creer en algo o en alguien es necesario creer en el que cree y ése (a) no es otro (a) que tú ! De esta forma, aprender a creer en uno mismo (a) es el paso indispensable y fundamental para poder aceptar luego ése algo o ése alguien. Si la creencia emana de tu esencia, sin duda, será la raíz que sustente tú fe, la cual se nutrirá permanentemente de tus acciones y la energía implícita en cada una de ellas.

Será entonces, tu propia religión, la cual alimentada por la fe en ti mismo (a) podrá posteriormente identificarse con cualquier otra filosofía que esté en com unión con la esencia que brota y vibra de tu interior. Tal vez pienses y digas: ¿Cómo sabré efectivamente ¿qué es todo esto? La respuesta es muy sencilla. ¿Crees en ti? Esa fue la pregunta ¿verdad?

Bien, la forma como podrás comprobarlo fácilmente será cada vez que vuelvas a sentir lo que estoy seguro ya has sentido en alguna oportunidad en tu vida, tal vez sin relacionarlo con la pregunta. Cada vez que has sentido o sientes una emoción indescriptible que te cuesta detallar con palabras, ten la plena seguridad que estás creyendo en ti, aunque parezca todo lo contrario!

Por ejemplo, no importa la edad que tengas, menos el sexo, tu situación personal o el contexto social en el cual se desarrolle o m anifieste la experiencia. Si eres un adulto, te has sentido alguna vez como un niño (a)?
Has gozado, alucinado, imaginado, tantas cosas que te cuesta recordar pero, sabes bien que si las sentiste o viviste? En ese momento creíste en ti, sencillamente porque te permitiste sentir o vivir esa experiencia! Confiaste en ti, aunque sea por horas, minutos o segundos, pero lo hiciste!, sin proponértelo tal vez, pero lo hiciste al final de cuentas! Cada vez que te has permitido hacer algo que normalmente no haces, esos son los momentos que has creído en ti!

Cuando has sentido miedo, pero a pesar de él, has continuado haciendo lo que decidiste hacer sin importar lo que te generaba ese miedo, sin darte cuenta o proponértelo has creído en ti! Generalmente, lo has hecho inconscientemente, como lo hace la gran mayoría. Cuando has disfrutado de una clase, una exposición o una simple reunión, es porque simple y llanamente creíste en ti, al permitirte estar ahí! Creer en uno mismo significa ser o estar consciente que los intereses primarios están por encima del interés o provecho de terceros.

El condicionamiento de los pensamientos ha llevado al ser humano a distorsionar en su agravio la esencia de esta virtud. La práctica común refleja que los intereses ajenos se satisfacen antes que los propios y eso como consecuencia de la distorsión existente en cuanto a principios y valores. Las elementales normas éticas y morales parecieran entumecerse por la falta de práctica.

Si se parte del principio fundamental de que fuiste hecho a imagen y semejanza del Creador, por tanto perfecto (a), eres la razón de esa creación. Posees un cerebro y un cuerpo perfectamente equilibrado con la energía de la vida que es la esencia de Dios. Si se acepta y se comprende que fuiste hecho por Dios, no podrías ser menos que perfecto! Desafortunadamente eso no es lo que hay en la mente y el corazón de las personas.

Gracias al condicionamiento sistemático del pensamiento lo que hay en tu mente y tu corazón son cosas com pletamente distintas y probablemente eso es lo que te tiene en el lugar donde te encuentras hoy pero, qué pasaría si comenzaras a responder tú mismo (a) a las interr ogantes que se te vienen planteando y poco a poco vas dándote cuenta que efectivamente ésas y muchas otras respuestas están en tu interior, listas par a salir a la luz.

Si eres perfecto (a) tus pensamientos estarían necesariamente al mismo nivel, por tanto nada malo saldría de ti, la esencia de tus intereses primarios guardarían estrecha relación con los intereses de los demás ya que todos por naturaleza somos buenos, sanos e inteligentes! La sociedad y el condicionamiento del pensamiento tal vez no podrían decir lo mismo!

Como vez es imprescindible que aprendas o que comiences a creer en ti ya que es la única forma como puedes llegar a ser tú mismo (a) y dejar de seguir siendo un calco de muchos y el dueño de nada! Eres la perfección hecha realidad, es lo primero que deberías aprender a creer!

Indudablemente hay que ser conscientes que el grado de contaminación que se pueda tener depende mucho de que tanto se ha sido afectado por ése condicionamiento sistemático al cual todos sin excepción, hemos y estamos expuestos, por tanto, es tarea individual recuperar ésa perfección natural con la que nacimos.

5

¿Conoces tu cuerpo?

Olvídate de todo por un instante, concentra tu pensamiento en ti, solamente en ti! Trata de acallar tu mente por un momento, observa tus pensamientos, de ¿qué tipos los hay? Indudablemente observarás pensamientos positivos y pensamientos negativos ¿verdad? Es natural y normal que así sea pero la idea no es ésa. La idea es que observes ¿qué está pasando en tu interior?, no que contemples tus pensamientos. Advierte sin juzgar, cuestionar, mucho menos criticar, solamente examina, como alguien que está dentro de tu cuerpo para comprobar ¿cómo funciona éste interiormente? pero claro preguntarás por ¿dónde comenzar ?

Hazlo por dónde quieras! Indudablemente lo harías mucho mejor si conocieras tu hermoso y maravilloso cuerpo pero, estamos casi seguros de que no es así. Si deseas llevar un orden para no perderte, escoge comenzar igual por cualquier extremo, como mejor te parezca, pero disfruta y te maravillará lo que irás conociendo en la medida que sigues avanzando. Si decidiste comenzar por arriba, concentra tú atención en tú cabeza. ¿Qué hay dentro? Seguro hay muchos huesos que desconocías pero, todos están ahí cumpliendo una labor o función específica ¿verdad?

Te encontrarás con el majestuoso cerebro que yace cómodo, imparable, sin dejar de trabajar para que puedas vivir cada momento. Y que hay con ese cableado que imaginamos ya observaste pero que intuimos desconoces dónde van y de dónde vienen tantos filamentos ¿cierto? Indefectiblemente algo importante debe ser lo que conduce esa diversidad de delicadas fibras que conforman los diferentes sistemas de tu maquinaria perfecta ¿no es así? En tu recorrido visual, observarás también la boca y los órganos sensoriales que tienen que ver con la vista, oído, gusto y el olfato.

Continúa observando toda ésa maravilla y responde con libertad ¿Tienes alguna queja? ¿Hay algo que no te gusta de lo que estás observando? ¿Te gustaría tal vez tener otro cerebro? o que tu cabeza fuera más grande o más pequeña? ¿A lo mejor te parece que hay muchos órganos o sistemas y te gustaría que haya menos? Quédate todo el tiempo que sea necesario observando las maravillas que posees, es lo menos que podrías hacer ahora. Están ahí, siempre lo han estado.

¿Habías visto antes ese maravilloso escenario? Compruebas ahora ¿por qué tienes una poderosa razón para sentirte feliz y agradecido (a)? Si continúas en ese recorrido descendente te encontraras con los órganos y sistemas que tal vez sabes que están ahí pero que muy poco o nunca has observado la manera como probablemente lo estás haciendo en ésta oportunidad. ¿Qué está pasando con tus pulmones? ¿Cómo están trabajando?

Estamos seguros que en alguna oportunidad en tu vida habrás visitado una fábrica cualquiera donde probablemente elaboraban o confeccionaban productos, ¿cierto? Imaginamos que al término del recorrido quedabas o quedaste encantado (a) con todo lo que habías visto, pensaste tal vez en todo el proceso que se realiza desde la obtención de la materia prima hasta colocar el producto en el mercado te resultaba algo increíble ¿verdad? Pues con mucha más admiración, sorpresa e incredulidad imaginamos quedarás luego de la experiencia que representará una visita al interior de tu propia maquinaria, en forma consciente.

¿Observaste tus pulmones? Ves y sientes ¿cómo se origina la captación del elemento vital, Oxigeno? ¿Cómo es procesado y llevado a cada una de tus células? Leíste bien, a cada una de tus células! Y sabes por casualidad ¿cuántas células tienen ese maravilloso organismo que te pertenece? Correcto! Millones de millones. La parte triste es que estamos casi seguros que desconoces como se llaman ésas células, porque así como todo trabajador, tienen inteligencia y hasta están clasificadas por nombres. Increíble la perfección de tu sistema ¿verdad?

Tal vez puedas haber estado pensando equivocadamente que tú controlas la respiración ¿cierto? Deseas convencerte de la equivocación? ¿Quieres intentarlo? Haz la prueba. Aguanta el aire que acabas de respirar por unos segundos solamente. ¿Qué te pasó? o al revés, deja de respirar solamente unos segundos. ¿Qué sucede? ¿Te das cuenta? Respiras porque respiras! Tú no tienes absolutamente nada que hacer en ese proceso. NADA, lee otra vez NADA! ¿Comprendes? No tienes ningún control!

¿Qué pasa entonces cuando duermes? Sencillamente estás en piloto automático! Respiras porque respiras! ¿Te das cuenta? ¿Cuántos años ésos maravillosos ór ganos vienen realizando ese mismo trabajo interrumpidamente, sin pedir nada a cambio? ¿Qué hay de los salarios, tiempos de descanso, vacaciones y aumentos que por lógica se le debería asignar a tan eficientes servidores? Son perfectos!

Continúa con tú corazón, observa como palpita sin parar, alegre, feliz, sin pedir ni reclamar absolutamente nada. Entiende que no ha dejado de latir ni un segundo en todos los años que puedas estar en ese cuerpo, realmente fabuloso ¿cierto? No hay que ser mezquino entonces, busca la palabra correcta que describa su eficiencia! Hazlo! Ésa es la palabra, Fabuloso! Leal, fuerte, incondicional, trabajador a carta cabal, amoroso como él solo, todo un líder, trabajando en equipo, sin reclamar ni criticar si alguien está o no haciendo su trabajo, el sigue bombeando sin parar, sin relevo, sin descanso, entonces ¿cómo no lo habías observado antes? ¿Crees que se merece un trato mejor?

Piénsalo bien! ¿Lo crees? Apuesto a que sí, por lo menos el mío, si se lo merece! Te lo puedo asegurar!

Y ¿qué pasa con ese gran aparato y sistema digestivo? ¿Crees acaso que es fácil transformar todo lo que ingieres para convertir toda esa masa en la energía que necesita tu máquina para funcionar interrumpidamente sin que tengas que mover un dedo para eso? ¿Lo has pensado alguna vez? Si no la habías hecho es hora que lo hagas para que te convenzas de una vez por todas que eres extraordinario (a) y mucha gente cegada por la ignorancia y la estupidez dice y repite constantemente que no somos perfectos! Si eso fuera cierto ¿cómo se le podría llamar a todo esta maravilla que tenemos todos y que se llama cuerpo?

Lógico, muchos desconocen que el cuerpo consta de varios elementos que sincronizados y en armonía se integran para funcionar como una sola unidad: Cuerpo +corazón +mente + alma = Ser humano ¿Cómo se le puede llamar a esa sincronización y armonía? ¿Imperfección? Es eso lo que le han hecho creer al ser humano a través del tiempo, con el condicionamiento de la mente y los intereses oscuros que gobiernan el mundo han llevado a las personas a la creencia y convicción de que son seres imperfectos!
¿Quieres comprobarlo? ¿Qué piensas tú al respecto?

Salir de ese estado o despercudir esa creencia tan profundamente arraigada es todo una odisea, al punto que es probable que tú mismo (a) puedas seguir creyendo en semejante estupidez! Sin embargo, ahora tienes la oportunidad por medio de esta práctica insólita de obtener tus propias conclusiones. Deja ya de creer en todo lo que te han dicho y en todo lo que tienes almacenado en tú subconsciente que al final de cuentas, es el lugar donde reside la contaminación "natural" que la cultura colectiva te ha heredado. No te vuelvas a engañar ante la realidad que puedes percibir cuando observas en tu interior la maravilla de la creación, la perfección puesta de manifiesto en cada una de sus criaturas.

¿Qué pasa con el estómago? ¿El hígado? ¿El páncreas? ¿Los riñones? ¿El bazo? ¿Los intestinos? ¿La vejiga? ¿La vesícula biliar? Detente un momento en cada uno de ellos y observa ¿cómo funcionan? ¿qué es lo que hacen? ¿te piden permiso o dependen de ti para algo? Claro que no! Pero es justo darles un reconocimiento ¿verdad? ¿Lo haces? ¿Lo has hecho alguna vez? ¿Te das cuenta?

Así es el ser humano cuando no cae en la cuenta de lo que tiene. No se valora a sí mismo y menos valora a cada uno de sus órganos. Una vez que tomas conciencia de lo que eres y de lo que tienes, comienzas a revalorizarte y comprender mucho mejor todo lo que vales! Sin embargo, podría apostar que eres uno de los tantos que se quejan de tener poco o nada en la vida, verdad? Qué ironía! Le puedes llamar nada a toda esta maravilla valiosa que posees? ¿Quieres convencerte de que es valiosa?

Pues bien ¿qué te parece si alguien te ofrece Un millón de dólares por tus ojos? ¿Se los venderías? Piénsalo bien, ¿verdad que no? Ahora, ¿qué pasa si te ofrecieran otro millón por tus brazos? Medio millón por cada uno ¿los venderías? Imaginamos que la situación económica puede estar un poco difícil en la sociedad donde vives, pero que dices ¿los venderías? Igualmente apuesto a que no o ¿me equivoco?

Creemos que te gustaría ayudar económicamente a tu familia, si? qué te parece si te ofrecen dos millones por tus piernas ¿lo pensarías un poco? Bueno, para terminar con este ejercicio práctico y jocoso, para que no te resistas al ofrecimiento que te podrían hacer ¿qué tal Cinco Millones por tu hígado? ¿Lo aceptarías? Apostamos que no! Entonces, de ¿qué estás hablando o qué es lo que estás pensando cuando te dices a ti mismo (a) no tengo nada, ni valgo nada? Matemáticamente podrías obtener casi Diez millones vendiendo unos cuantos órganos. ¿Por qué no lo haces y solucionas tus problemas?

Sencillamente no lo haces porque estoy seguro que ahora te das cuenta que vales muchísimo más que todo eso, cierto? Entonces, no vuelvas a pensar que no vales, ni que no eres un ser extraordinario, porque sencillamente lo único que haces es engañarte ya que vales muchísimo más que eso! Muchísimo más.

Si continúas con esa observación estamos convencidos que te deparará una satisfacción interior, comprobarás cómo funcionan algunos de tus sistemas, serás más consciente de lo que tienes y de lo que vales. Imagino que habrás oído de ellos alguna vez, aunque honestamente creo que no estás muy familiarizado (a) o sí? Informarte ahora es lo recomendable.

Dale una mirada al sistema respiratorio, observa todo lo que hace ese maravilloso sistema desde el momento que capta el oxígeno hasta la expulsión del dióxido de carbono, tomate todo el tiempo que sea necesario, siente como el aire ingresa por tus fosas nasales, imagínate todo lo que sucede y debe de suceder en tu interior sin que tú seas consciente de eso, para que ese elemento vital que se llama oxigeno ingrese a tu cuerpo y cumpla su cometido ayudado por esa cantidad increíble de otros órganos y sistemas que sin super visores, controladores o directores de ninguna clase realizan semejante trabajo incansablemente por todos los años que tengas y los que todavía te falten que serán muchísimos.

Si no estás sorprendido (a) o maravillado (a) de ese sistema, observa ahora al sistema nervioso, no te preocupes por la cantidad de diminutos hilos que estás viendo y que recorren cada una de tus partes internas. Eres consciente de ese sistema de redes que coordina con todos los otros sistemas armoniosamente para captar todos los cambios internos y externos que se produzcan elaborando respuestas y comportamientos finamente interconectados por esos filamentos a veces imperceptibles pero que están ahí, sirviendo de puente y conducto para toda esa magia de la comunicación energética?

¿Qué sucede con el sistema cardiovascular? estás observando cómo funciona y trabaja estrechamente con el sistema linfático y los otros sistemas, para transportar a todas las células todo lo necesario? ¿Cuántas de las células que vivían en ti hace una semana, hoy sencillamente ya no existen? ¿Cómo? Te quedaste sin células? No! Por supuesto que no! Día a día mueren miles de células en tu organismo pero, igualmente nacen otras tantas que permiten que la vida continúe, como en efecto así sucede.

Una vida eterna interminable, donde hay que morir, para seguir viviendo, porque la muerte no es más que eso! Una antesala de la vida!?Te das cuenta? ¿Eres consciente de lo que sucede diariamente en tu interior?

Si tuvieras una tienda o una empresa, tendrías que estar al tanto de lo que sucede en el interior de ese negocio ¿verdad? Tendrías que necesariamente saber cuántas personas trabajan en tú empresa, cuánto ganan qué hace cada una de ellas, desde cuándo están trabajando, cuántos hombres y mujeres hay, dónde compras tu materia prima, cómo se distribuye tu negocio en el mercado ¿cierto? Pero, análogamente que sucede con tu gran y única empresa que en verdad es totalmente tuya, tú gran maquinaria corporal, ¿sabes de que está compuesta? ¿cómo se debe alimentar para que estén más saludables sus miembros? ¿Sabes en verdad lo que daña y no a cada uno de ellos? ¿Lo sabes? ¿Honestamente lo sabes?

Veamos que dice la mayoría de seres humanos. ¿Qué crees que dicen? La gran mayor ía dice que conoce su cuerpo mejor que nadie y sabes ¿por qué lo dicen? Correcto! Míster EGO es quien suele responder por ellos! Lo hace para no hurgar en lo desconocido, sencillamente porque le da miedo y la gente no quiere más miedo del que ya tienen. El ego es un maestro en ese sentido y se encarga de orquestar todo lo necesario para seguir con esa negatividad de la cual se alimenta y vive.

Si tienes una relación sentimental ¿quién gobierna tu vida? ¿Te has hecho esta pregunta antes? Bueno, nunca es tarde para hacerla, así que puedes comenzar ahora! ¿Es tu pareja quien tiene el control de la relación? Apostaría que sí, como sucede en la mayoría de los casos, donde el machismo hace de las suyas, pero los protagonistas lo niegan tonta y descaradamente, culpándose mutuamente de las coacciones que limitan sus libertades, sin reconocer que el problema parte del interior de cada uno.

Cuando se habla de machismo, generalmente se entiende que éste proviene única y exclusivamente de la conducta y malos hábitos del hombre, es ahí donde radica la falta de comprensión de este fenómeno social que en la práctica demuestra que la mujer en muchos casos promueve y acepta indiscriminadamente el machismo convirtiéndose en protagonista principal.

Aquí no se trata de identificar responsables ya que bien sabemos que son ambas partes, lo que se trata es de entender y comprender bien las causas que crean el fenómeno para de esta forma darle el tratamiento más efectivo para lograr su erradicación. El asunto es resultado dir ecto de la ignorancia que se envuelve en capas perniciosas con las que se va revistiendo este cada vez menos entendido y complejo problema que afecta a la sociedad en su conjunto.

Desde el origen del ser humano hasta nuestros días en las diferentes sociedades del mundo siempre ha existido y existirá en tanto no se obtenga sabiduría, las posiciones y contraposiciones en relación al hombre y la mujer. Las sociedades patriarcales a través de la historia han manifestado ésa diferenciación innecesaria que ha influenciado directa o indirectamente de alguna forma el condicionamiento del pensamiento.

De ésta forma han venido evolucionando las distintas sociedades en general y los seres humanos en particular a través de los años. Se ha tratado y se trata de establecer inútilmente la supremacía entre los géneros sin comprender que son complemento uno del otro.

Desde el origen de la vida, el ser humano se ha inventado deidades con diferentes denominaciones y representaciones en su búsqueda o respuesta a lo desconocido. El lenguaje humano le concede una individualidad o imagen a lo infinito, tratando de identificarlo de alguna forma, de ahí que a través de los siglos de existencia haya creado un sinfín de nombres que representen su Fe en la creencia de la existencia de un Dios masculino.

¿Has visto a Dios o como le llames? ¿Sabes si es masculino o femenino? No respondas en base a los pensamientos almacenados en tu mente; piensa, reflexiona y conteste reflexivamente si lo que estás pensando o diciendo es en verdad el resultado de lo que crees desde el fondo de tus entrañas. Ya hemos hablado y no creemos que exista ninguna duda con relación a tu humanidad ¿verdad? Pero, ¿sabes en verdad que eres? Vamos a presentarlo de otra forma más simple.

En este momento te encuentras dentro del cuerpo que posees actualmente ¿verdad? La pregunta es ¿crees que esa figura que representas, en esencia eres tú? ¿Sabes cómo se forma o conforma el ser humano? Recordemos una vez más parte de ese proceso. Tu cuerpo, independientemente del sexo que representes, tiene igual número de cromosomas, es decir veinte y tres pares o cuarenta y seis.

Biológica o fisiológicamente tienes exactamente lo mismo que posee tú semejante, la única desigualdad la constituye el cromosoma sexual que finalmente determina la desemejanza. Entonces internamente podrás comprobar que tienes exactamente lo mismo que posee tu igual. Lo más relevante y lo menos comprendido es que tienes ésa misma energía de la cual ambos son portadores y es la que finalmente mueve esos cuerpos en sus respectivas direcciones.

La pregunta obligada es ¿la energía tiene sexo o lo que se conoce como sexo? Entonces ¿por qué te preocupa o te interesa tanto tus genitales o los que posee tu opuesto biológico, si en esencia ambos son semejantes? ¿Será tal vez por esa fatua y absurda lucha de poder? ¿Ayudaría en algo a comprender mejor que la relación sexual no solamente es el contacto físico igual al que tienen muchos animales, sino más bien es la creación de una unidad de energía a través de la fusión de los cuerpos, por medio de la armonía que se logra alcanzar al equilibrar el reino físico-mental-espiritual de las personas entregadas en un ritual de amor?

Nuevamente en el terreno del absurdo machismo, los hombres machos creen disparatadamente tener una superioridad sobre las mujeres. La pregunta elemental sería ¿a qué clase de superioridad se refieren? Intelectualmente está demostrado que no hay mayor diferencia ya que está demostrado que si bien es cierto existen hombres muy inteligentes, de la misma forma hay mujeres talentosas en todas las épocas y sociedades del mundo.

Si se pretende demostrar ésa superioridad por medio de la fuerza física que es lo más probable, sería una pérdida de tiempo ya que igualmente está debidamente comprobado que si bien la fuerza bruta como tal no es igual debido a las características fisiológicas, no es menos cierto que las mujeres hacen y podrían realizar cualquier trabajo físico que aparentemente se ha creído de dominio exclusivo del hombre, lo cual no es más que un error de los tontos gracias a ese condicionamiento de la mente.

Es completamente correcto que alrededor del mundo existen millones de mujeres que todavía viven en el subdesarrollo mental, pero no es menos cierto que el número es bastante proporcional con su equivalente masculino. De manera que una vez más, el asunto no es de sexo sino más bien de consciencia.

La inconsciencia en la que vive y se desarrolla el individuo demuestra el estado mental de las personas el cual desafortunadamente duerme permanentemente en el interior de los seres humanos llámese hombre o mujer. La fortaleza física o el vigor del hombre en el acto sexual, está perfectamente equiparado con la sensualidad y la complacencia de la mujer ya que en términos de inteligencia o durabilidad, la mujer no solamente tiene el control del acto sino la capacidad para consentir el pleno disfrute.

En la medida que el ser humano comprenda que es parte de un todo, comprenderá mejor que para alcanzar la unidad sublime que se genera con su opuesto es necesario aprender a reconocer y valorar en su contrario, la vitalidad que necesita para llegar a esa unidad. De manera que disputar con su semejante una superioridad que no se tiene es una polémica sin fin, donde finalmente se pierde no solamente la oportunidad de disfrutar de la vida, sino más bien se deja de ser lo que se es! Tanto el hombre como la mujer son seres perfectos. Para entender la perfección es necesario llegar a comprender que uno no es sin el otro y viceversa por cuanto los dos, no son más que una misma cosa!

6

¿Quién Gobierna tu vida?

Son entendibles y comprensibles las diferentes calificaciones que existen y existirán al respecto, sin embargo es necesario reiterar que este libro no tiene la mínima intención de orientar al lector a ningún otro terreno que no sea su discernimiento personal en busca de sus propias respuestas. Desde que nace el ser humano, la cultura colectiva en la cual se desarrolla, comienza a influenciar en todo aquello que será la base para su vida futura. El entorno familiar indudablemente influenciado por el pensamiento colectivo, refuerza esas acciones, depositando conceptos o ideas que finalmente llegaran a formar parte de la base de su percepción.

Es así como las sociedades van moldeando a su gente. La sociedad entra en las personas a través del tiempo y en forma muy subliminal controla o dirige sus acciones sin que pueda ésta percibirlo o darse cuenta de ello, lo que es peor, sin que quiera aceptarlo como algo real y evidente. Desde niño (a), a través de tus padres y el entorno familiar, la cultura colectiva de tú comunidad fuerza tú mente en la idea de lo que es "correcto" y lo que es "incorrecto" luego, dentro de éste trabajo sistemático, se asegura de lo impartido por medio de la repetición constante y sus estímulos.

De ésta forma se puede observar fácilmente que cuando "te portas bien" y haces "lo correcto" te "felicitan, te premian, recibes regalos y halagos; pero, cuando "te portas mal" y haces "lo incorrecto" para ese modelo, te critican, te "castigan" "te condenan" y no hay regalos ni nada! Es así como la colectividad empieza a "controlarte". En otras palabras, se impide de que seas tú! No se estimula ni motiva lo necesario para que todo lo que traes contigo vaya desarrollándose de una forma espontánea y natural, sino que por el contrario, se reprime y condiciona para que respondas conforme a los intereses que dictan las pautas donde afortunada o desafortunadamente te correspondió desarrollarte.

Así es como luego a través de la "educación" y los medios de comunicación, sistemáticamente van condicionando tu mente, influenciando sobre tus hábitos, juicios, costumbres y creencias, sin que te des cuenta de ello, porque cada vez se van haciendo o presentando las cosas como si fuesen más reales, cuando en verdad son más engañosas. Cada colectivo controla a su propio estilo, por eso resulta difícil vivir o acostumbrarse hacerlo en otro grupo social con parámetros diferentes.

Por eso, es igualmente difícil vivir o amoldarse en un país extraño o en cualquier sociedad diferente a la cual te formaste inicialmente. La percibirás y entenderás como "rara", "diferente". De hecho lo es, por cuanto se desarrolla bajo distintas normas pero, al fin de cuentas está orientada a lograr el mismo objetivo es decir, condicionar los pensamientos!

La pregunta se hace más valida inclusive cuando decimos ¿quién gobierna tu vida? Si respondes inmediatamente sin pensar como lo hace la gran mayoría, será tu ego quien argumentará con agilidad y aparente convencimiento: YO, claro ¿quién más puede gobernarme? Observa con atención y no te confundas.

La idea es invitarte a que encuentres tú verdadera respuesta, la que reposa en tu interior y que tal vez desconoces o tienes algún temor conocer. El ser humano es lo que piensa o dicho de otra forma es lo que cree ser o pensar en base a esos propósitos. Es y será lo que razona que es; por tanto, siempre será lo que piensa es o cree ser! Ésa es la idea que la mente se ha encargado de moldear y sustentar con los argumentos hábiles de su ego!

Creemos sin embargo, que el ser humano es más que sus pensamientos. Las consideraciones de lo correcto y lo incorrecto no son más que condicionamientos sociales y eso hay que tenerlo muy en claro. Así como los son, la doble moral, las etiquetas, los prejuicios y todo cuanto atente contra la verdadera libertad que nace de tu centro, de tu verdadero ser que no es solamente tu cuerpo-mente sino algo más que eso!

Cuando como ser humano te das un tiempo para observar éste hecho, caes en la cuenta de ésa realidad impensada, haciéndote consciente de una situación desconocida. Emana entonces un estado de consciencia que te hace juicioso (a), si así lo deseas y te ofrece la oportunidad de distinguir las cosas con una visión o entendimiento diferente de todo aquello rotulado como correcto e incorrecto que tenías hasta ese entonces.

¿Quién gobierna tu vida en éste momento? sigue siendo la pregunta! Evidentemente muchas personas dirán que son ellos quienes gobiernan sus vidas, sin embargo el tiempo, con la paciencia de los sabios se encargará de mostrarles luego que no es así! Acorde con ese condicionamiento de la mente, son los pensamientos los que en realidad gobiernan tu vida y la de todos los seres humanos.

El punto que hay que apr ender a distinguir con toda claridad y honestidad es saber apreciar cuales son esos pensamientos dominantes que finalmente gobiernan tus acciones, consecuentemente tu vida. Todo aquello que sea de propiedad mental es considerado un pensamiento. En éste sentido, bien sabemos que la mente es el resultado de la actividad del cerebro y en la actividad cerebral se encuentran miles de funciones que se desarrollan en el diario vivir de cualquier persona.

Ahora bien, es importante comprender que la actividad cerebral es vital para el normal desenvolvimiento de un ser humano. Los pensamientos pueden y de hecho están clasificados en base al origen y función de los mismos; sin embargo para los objetivos del contenido de este libro vamos a distinguirlos y clasificarlos básicamente en dos grupos: Pensamientos Positivos y Pensamientos Negativos.

El ser humano, por lo general tiene un promedio de 60,000 pensamientos diarios. Resulta increíble el número ¿cierto?. Lo más increíble es que dé ése total, aproximadamente el 95% de los mismos se repiten de alguna u otra forma casi a diario. Vaya despilfarro! ¿De dónde vienen los pensamientos entonces? Muchos vienen de tu interior, pero la gran mayoría es resultado del pensamiento colectivo y del condicionamiento social a través de sus diferentes medios. ¿Eres consciente de eso?

Somos lo que pensamos es una expresión muy común que tiene mucho contenido de veracidad; presumo que la habrás escuchado en alguna oportunidad. El asunto es lo que pensamos y ¿por qué lo pensamos? Si conscientemente observas tus pensamientos durante veinticuatro horas, comprobarás que la mayoría de éstos están revestidos de características impregnadas de negatividad, por tanto el efecto que causan y crean en el organismo son de un resultado nocivo inimaginable.
Haz un ejercicio simple. Toma un lápiz y papel y comienza anotando tus miedos tratando de ser objetivo en tus anotaciones.

¿A qué tienes miedo? Atreverte a reconocerlo es un gran paso! ¿Qué piensas del dinero? ¿Qué piensas de los "ricos"? ¿De los "pobres"? ¿Qué piensas de la pobreza? ¿Qué piensas de la muerte? ¿Qué hay sobre tus ideas con relación al sexo? En ese sentido ¿haces lo que realmente te gusta o te reprimes por algo? ¿Cuál es tu reacción o concepto con relación a las personas de diferentes países, lugares o regiones? ¿Qué sentimientos tienes con las personas de un entorno social diferente al tuyo? ¿Qué piensas y sientes por las prostitutas? ¿Qué piensas y sientes por los homosexuales?

¿Qué piensas de las personas que tienen o profesan una religión diferente a la tuya? ¿Qué piensas de las personas que no pueden hablar correctamente un idioma diferente al de tu lengua materna? ¿Qué piensas de Jesús de Nazaret, Mahoma, Buda? Cuáles son las cosas que no te gustan? ¿Sabes desde cuándo no te gustan? Sabes el ¿por qué no te gustan? ¿Qué hay de lo que comes? ¿Por qué no te gusta éste ni el otro alimento? ¿Qué hay de tus inseguridades?

Recuerda cuando eras niño (a) y anota todas las cosas que te prohibían! Haz lo mismo cuando eras adolescente, detalla lo que te estaba permitido hacer y lo prohibido también. Te sorprenderá el comprobar que la mayoría de tales pensamientos sin equivocación alguna están revestidos de una gran dosis de negatividad. Trata de recordar cuantas veces en tu niñez te dijeron la palabra "no" y comprueba con tranquilidad cuántas veces al día igualmente utilizas ahora la misma palabra "no", especialmente si tienes hijos pequeños!

De la misma forma observa y anota cuántas veces al día durante el mismo período escuchas o percibes ésa misma negatividad de parte de terceros y verifica ¿qué tan cerca están éstos de tu entorno? Al comprobar en tu caso que un gran porcentaje de tus pensamientos pueden estar revestidos de ésa negatividad mencionada, imagínate ¿cómo estará siendo afectada tú salud y la de la mayoría de personas que igualmente son influenciadas por el resultado que éstos originan?

Ahora puedes observar y comprobar mucho mejor de que se alimenta diariamente tu cerebro. Contempla detenidamente tu rutina durante veinte y cuatro horas y te sorprenderás más de lo que imaginas en éste momento. Si eres una persona promedio, tu día tal vez comienza con el control del TV, dizque para informarte de lo que sucedió o está sucediendo o probablemente para informarte del clima o el tránsito vehicular ¿verdad? Lo cierto es que enciendes el TV y ¿qué es lo que percibes? ¿Qué es lo que comienza a desayunar tu cerebro? Eso! Inmundicia! Eso es lo que empieza a recibir tu cerebro, tu mente, tu cuerpo!

Eso es lo que empiezas a darle inconscientemente a tu "Templo sagrado!" Violencia, muertes, accidentes, violaciones, asaltos, epidemias, noticias alarmantes y sensacionalistas, disfrazadas de algún contenido real pero, presentadas de la forma más grosera y alarmante para continuar con ésa intoxicación y condicionamiento de la mente que vende y atrae.

Para no ser muy severos en la apreciación, tal vez, de tanto en tanto, refresquen la barbarie con golosinas y baños de publicidad, pero éstos no serán ajenos a la contaminación en general.

Camino al trabajo y posiblemente con la idea nuevamente de conocer el tráfico u el clima, sintonizas alguna estación radial y ¿Qué encuentras? Más porquería, más "alimento para tu cerebro" con un complemento de noticias cargadas de morbo y negatividad. Por fin llegas al trabajo y te encuentras con la rutina de todos los días. Los mismos compañeros, los mismos jefes y la misma cosa de todos los días; escuchas o te haces el que escuchas y aceptas lo que te digan que hay que aceptar, lo haces más que nada por compromiso que por otra razón!

Mientras tanto es muy probable que los comentarios sean los de siempre: muchas horas de faena, muy pesada y aburrida la tarea, muy poco dinero y lamentos por doquier. Acabas de llegar, pero ya estás mirando el reloj para asegurar tu salida lo más pronto posible. Antes, probablemente te aseguraras de ir al baño todas las veces que te sea posible para "matar" un poco el tiempo y si las circunstancias lo permiten enviaras unos cuantos mensajes de texto" según tú, de esta forma eres menos infeliz".

Sales del trabajo y camino a casa, sintonizas nuevamente el aparato de radio y comienzas otra vez a nutrirte de más frases nocivas, como si no hubiese sido suficiente toda la negatividad almacenada hasta ese momento. Durante el trayecto imagino que te habrás cruzado con más de un chiflado (a) el cual no solamente te puede haber inquietado, sino que muy probablemente haya provocado alguna reacción indeseada en tu comportamiento.

Lo pernicioso del caso es que como tal vez es cosa de todos los días ya te hayas acostumbrado, de tal forma que extrañarás la situación cuando ésta no suceda,. Finalmente llegas a tu casa ¿has observado el humor con el que apareces? No solamente el cansancio de la jornada y todo lo acontecido durante tu regreso te tiene así, son más bien tus propias cavilaciones en las que has estado durante todo ese tiempo, las que te pueden tener en el estado que no deseas pero, lo estás.

La familia, en éste caso los hijos, la esposa y cualquier otro familiar, al final de cuentas pagaran la factura que haya que pagar ya que previsiblemente sin motivo alguno descargaras sobre ellos la frustración contenida que te acompaña casi siempre, sin que seas consciente de ello. Luego, para "distraerte" según tú encenderás el televisor si es que por milagro y extraña razón estuviera apagado. Completarás el día con una nueva dosis de adversidad con algún programa o novela de ésas que idiotizan a la gente, con caras bonitas, estereotipos y contenidos chatarra.

En conclusión, de ¿qué se alimentó tú cerebro ese día? Conocerás mejor ahora cuáles fueron esos pensamientos dominantes. Haz tú mismo(a) la lista y verifica de ¿dónde te viene tanta negatividad? Comprenderás ahora más claramente dónde se originan muchos de tus problemas diarios.

Es inevitable dejar de tener pensamientos negativos. Si aceptamos que tenemos en promedio sesenta mil pensamientos diarios y que la mayoría de ellos son repetitivos, comprenderíamos fácilmente que demasiado de lo mismo nos asalta, sorprende e intimida con tenacidad, afectando directamente la salud y el progreso personal. Los pensamientos negativos tienen la particularidad de ser destructivos en todo orden de cosas, sin embargo, como todo en la vida, en el mundo de las dualidades en las que vivimos es necesario comprender que estos son en algunos casos necesarios.

Lo verdaderamente importante es comprender el equilibrio que debe existir en nuestro cuerpo para que podamos vivir en armonía y disfrutar de todos aquellos pequeños momentos que hacen de la vida una maravilla. Los pensamientos juegan papel fundamental en la vida de las personas y determinan la actitud con la que éstas enfrentan y viven el día a día. No comprender algo tan elemental como esto se convierte en un sabotaje infantil de todo aquello que se quiera o desee construir.

Un pensamiento negativo repercute directamente en el estado de salud de la persona pero, por lo general, esta será la última en reconocerlo y/o aceptarlo. Sin embargo, hay ocasiones que incluso conociendo lo adverso que significa sobrellevarlos mucha gente persiste en la idea de hacerlo, atribuyendo los resultados a otras causas, menos a la negatividad de la cual ellas mismas son sus creadores.

Por otro lado, los pensamientos positivos tienen la particularidad de crear, dar vida, estimular, afirmar, motivar, unir, reconocer que en esencia son sinónimo de autenticidad. Al preguntarte cuáles son tus pensamientos dominantes lo hacemos con la intención de que compruebes personalmente lo siguiente. Si el cerebro humano está en actividad incesante es lógico suponer que como resultado de esa función este razonando constantemente por lo tanto, dentro del bagaje existente de intenciones, deberá existir y persistir la idea dominante.

En este caso, si existe un número aproximado de sesenta mil pensamientos diarios, estos estarán divididos en conceptos positivos y negativos de entre los cuales por derecho de subsistencia prevalecerán finalmente unos sobre otros. De ésta forma es como finalmente las personas deciden conducir sus vidas en base a los pensamientos dominantes que poseen al momento de tomar tal o cual decisión.

El problema radica en que una gran mayoría de personas desconocen esto tan elemental que hoy tú estás contemplando con tus propios lentes. Ahora, si tuvieras la información y el conocimiento necesario como para expresar voluntariamente tu decisión eligiendo quien gobierne tu vida, a quién escogerías?

Me imagino que muchas personas inconscientemente puedan tener a Dios como respuesta. Ésta tal vez sea una apariencia disfrazada de no querer asumir su realidad. Olvídate de Dios, como estoy seguro lo haces a diario en muchas de otras actividades.

En ese caso, probablemente escogerías ser tú quién gobierne tú vida ¿correcto? Nos imaginamos que ésa es la respuesta de la mayoría y claro que lo es, gracias a ese condicionamiento de los pensamientos. Al final, eso es lo que crees que sucede ¿verdad? Ahora, haz un alto a tus actividades diarias, paraliza tus pensamientos si es que lo puedes hacer por un momento, observa seria y profundamente la situación.

La pregunta es: si eres un(a) joven ¿quién está dirigiendo tú vida? Si eres un trabajador (a) ¿quién lo hace? Si tienes una relación sentimental y eres como la mayoría de las personas ¿quién está dirigiendo tú vida? Si vives en una ciudad o un país democrático ¿quién o quienes lo están haciendo? ¿Qué pasa contigo? ¿Eres un mero espectador (a) de todo esto, por qué? Es ahí donde igualmente surge la pregunta ¿Dónde están tus lentes? Si eres un(a) joven, probablemente lo estén haciendo tus padres y eso definitivamente estaría excelentemente bien si ellos igualmente actuaran conscientemente al hacerlo. Desafortunadamente en la mayoría de los casos parecería no ser así.

Una cosa es orientar y otra muy distinta es dirigir y eso es lo que al parecer hacen o tratan de hacer algunos. Los padres, como formadores tienen la tarea y responsabilidad de instruir y educar a sus hijos en todo aquello que necesariamente van a requerir en un momento dado pero, la idea fundamental es hacerlo respetando la individualidad de ese (a) joven estimulando y motivando sus propios talentos y potencialidades para que ellos mismos en su momento dirijan sus propias acciones.

Sin embargo, la actualidad refleja una triste realidad. La cultura colectiva, los grupos sociales, los estereotipos y la superficialidad de las cosas y personas, son los que en la práctica dirigen y gobiernan la vida y actitud de los jóvenes, salvo honrosas excepciones por supuesto! Es común ver a los jóvenes de hoy día, creyéndose dueños del mundo y sabedores de todo lo que las diferentes sociedades del planeta les ofrecen en cuanto a tecnología e ilusiones baratas, sin embargo, es más fácil comprobar que estos desconocen la existencia de un mundo interior del cual fluyen las acciones inteligentes que le permitirían vivir armoniosamente en cualquier parte sin caer en la convivencia del dolor, la superficialidad, maldad, negatividad y el vacío que hiere.

Si eres un trabajador ¿quién gobierna o dirige tu vida o parte de ella? ¿Tu empleador?, ¿tu "Jefe"?, ¿la "Unión"? ¿El salario que recibes? ¿La necesidad? ¿La desesperación?
¿Quién? Busca tu respuesta! Pero se honesto (a) con cada una de ellas. ¿Estás trabajando en lo que te gusta realmente? ¿Haces tu trabajo con dedicación y responsabilidad o ¿lo haces por obligación? Acabas de llegar y ya estás pensando a ¿qué hora sales?

En realidad, te molesta o fastidia lo que sucede en tu ambiente de trabajo, pero estás ahí y continúas porque no tienes otra cosa mejor, ¿verdad? Entonces, bajo ésas condiciones ¿quién crees que está gobernando tú vida o tú trabajo? No te engañes! Puede ser cualquiera pero, menos tú! No estás ni remotamente interesado(a) en eso que haces, lo haces simplemente porque crees que tienes que hacerlo eso es todo! Y ¿Cómo le puedes llamar a eso? ¿Vida? ¿Eso es vida? ¿Realmente crees que lo es?

Pasar una tercera parte del tiempo de tu vida haciendo lo que no te gusta hacer, simplemente porque crees que así es la vida, ¿eso es vida para ti? ¿Crees que eso vale la pena? Recibes y aceptas las órdenes de la o las personas a quienes en el fondo no quisieras escuchar ni volver a ver, pero continúas haciéndolo! ¿Por qué? ¿Eso es sano? ¿Por qué lo haces entonces? ¿Por necesidad? ¿En verdad crees que lo haces por necesidad? ¿No será temor la palabra correcta? Piensa! Atreverte hacerlo te permitirá encontrar la respuesta que no quieres ni deseas conocer.

Nuevamente aparece el condicionamiento del pensamiento. Si voluntariamente renuncias a tu legítimo derecho de gobernar y dirigir tú destino, obviamente no te quedará de otra que aceptar lo que desde el fondo de tú ser no deseas pero, desafortunadamente hasta el día de hoy vienes haciendo y aceptando. Pero si comprendieras que eres una persona extraordinaria, con talentos y capacidades especiales, verías todo esto con una óptica diferente. Entenderías mucho mejor lo que se vislumbra en tu camino. Tú y solamente tú eres responsable de lo que te sucedió, sucede y sucederá!

Corrige si es necesario, rectifica cuanto haya que rectificar pero, retoma el control de tu vida, disfruta, no sufras, vive, pero hazlo con alegría, con pasión en la convicción de que siempre te mereces lo mejor. Atreverte a descubrir tus talentos, te asegurará ir descubriendo que tienes más de uno, únicamente piensa, observa y decide! No permitas que otros decidan por ti y continúes pagando tú por los errores de terceros. Si te equivocas, lo habrás hecho tú, libre y voluntariamente, de manera que esa equivocación siempre será una lección positiva, porque te mostrará de manera práctica y objetiva dónde se puede corregir.

Nadie nace sabiendo, todo se aprende, de manera que no limites ese aprendizaje a lo más fácil. Tú no eres una simple persona; eres una persona extraordinaria! Entiende y comprende bien. Acéptalo! Es la objetividad! Es tú realidad. Eres parte de un todo, tan importante para ese todo, como ese todo lo es para ti.

No te sientas ni te creas más o menos que nadie ya que en realidad no lo eres ni lo serás! Eres tú y ese ser extraordinario que mora en ti, es el que clama por manifestarse en todo los momentos de tú existir, de manera que no lo reprimas, no lo escondas, déjalo ser! Es quien en verdad gobernará tú vida si te rindes a él, a tu ser, sencillamente porque te pertenece, es tuyo! Pero, si por ignorancia o por el condicionamiento de los pensamientos permites que éstos tomen el control de ti, serás como un forastero en tu propia tierra.

Los seres humanos aprenderían mucho mejor cómo funcionan los gobiernos en el mundo, si comenzaran a explorar y practicar su propio gobierno individual. Los países civilizados en el mundo entero tienen su propia Constitución Política, ¿verdad? Bien, la constitución entendiéndola como tal es la suprema norma jurídica que rige la organización de un estado, estableciendo autoridad y formas para el ejercicio de ésa autoridad. Establece y define claramente los derechos y deberes fundamentales de los ciudadanos, garantizando la libertad civil y política de los individuos.

Bajo ésa premisa y dentro de ese contexto, se podría comprender que son los seres humanos los que deciden hacer y promulgar la constitución política de sus países en base a los ideales que persiguen. Ya dijimos anteriormente que los seres humanos son el soporte de cualquier gobierno, estado o religión y que en ese sentido éstos tienen sus propias Constituciones para conducirse mejor, lo cual es válidamente aceptado y comprensible. Sin embargo, si se piensa en el ser humano como individuo, ¿dónde está la constitución individual de éste para administrase mejor? ¿Has pensado en tu propia constitución? ¿Tienes tus propias normas? ¿Las has instituido?

Si en la práctica, funciona para muchos países del mundo ¿por qué no podría funcionar para ti, si tú eres la base de todo lo demás? ¿Quién debería determinar o fundar entonces tu propia constitución? ¿Tus padres? ¿Familiares? ¿Maestros? ¿La iglesia? ¿Los colegios? ¿Los amigos (as)? ¿La sociedad? Pues claro que no! Existe una obligación moral inherente e imprescriptible mediante la cual el propio individuo, conocedor de su capacidad, inteligencia e impedimentos, tiene la oportunidad y responsabilidad de establecer la potestad y estructuras para el desarrollo y ejercicio de ese albedrío. La pregunta es , lo llega hacer? Creo que no. ¿Cómo comprobarlo? Bueno, tú ¿qué dices? ¿Tienes tu propia Constitución? ¿Te das cuenta? Eso sucede con casi la totalidad de seres humanos.

La pregunta será entonces y ¿por qué sucede eso? La respuesta es más sencilla que la pregunta. Gracias al condicionamiento del pensamiento obviamente. ¿A quién le interesa que el ser humano conozca de estas cosas que bien podrían abrir sus ojos y despertarlos del sueño en el que se encuentran plácidamente durmiendo desde hace siglos? ¿Qué son básicamente las constituciones?

En "Memoria sobre las Municipalidades" en 1,775 Turgot dijo una vez: “una constitución es un cuerpo social y armónicamente articulado que debía obedecer de manera sumisa a una cabeza”. Para Turgot un estado tenía dos brazos (ejercito), dos pies (trabajadores) y una cabeza (gobierno). Cuando un brazo o un pie busca caminar solo (autonomía), esto no es tal, sino que es simplemente una separación, una división: "el pie o el brazo" quieren convertirse en un Estado independiente.

En el libro " Rights of Man" Thomas Paine dice, " Una constitución no es algo de nombre solamente, sino es un hecho. No es un ideal, sino una realidad. Si no se produce en forma visible no es nada. Una constitución es una cosa antecedente a un gobierno y un gobierno es solamente la creación de una constitución. La constitución de un país no es un acto de gobierno, sino el pueblo que constituye un gobierno. Es un cuerpo de elementos al cual uno puede referirse, citar articulo por articulo; y que contiene los principios sobre los cuales un gobierno se establecerá, la manera en que se organizará y los poderes que tendrá, etc."

Finalmente, en cuanto a concepto de constitución se refiere, en el famoso "Leviatán", Thomas Hobbes dice " una constitución de una comunidad política, es realmente la unión de todos en una sola idéntica persona, lograda por convenio de cada hombre, con cada hombre, de tal manera que uno de ellos pueda decir al otro: yo autorizo y otorgo mi derecho de gobernante a éste hombre o a ésta asamblea, con la condición de que tú des el mismo derecho a él y lo autorices para actuar en todo de ésta manera". Éste hecho, la multitud unida en una persona es lo que se conoce o se llama" COMMON-WEALTH" .

Entendiendo el significado y la importancia de lo que representa una constitución es necesario observar lo que contiene esencialmente un estatuto para comprender mucho mejor su validez. Es en el Preámbulo del propia precepto donde se comprendería mejor el alegato introductorio que tiene por intención fomentar los valores individuales con los que interactuaría con la sociedad en general, ligando pasiones para la defensa de sus intereses.

En éste caso, que mejor discurso introductorio podría existir para provocar y alimentar los valores intrínsecos e irrenunciables del elemento sustancial de cualquier familia. Conociendo el individuo su esencia, las bondades de su ser, su inteligencia natural y los talentos inherentes a su persona, fusionaría su potencia para la protección ordinaria de sus intereses y el de su clan familiar.

En cuanto a la parte dogmática de su ley, la repetición constante de sus derechos fundamentales encaminaría sus acciones positivas reiterándole constantemente el argumento de su existencia. Lo cual haría o lo volvería conscientemente inteligente de lo que es! Sus derechos fundamentales y las razones inalienables a la justicia evitarían que perdiera la visión y brújula de su camino.

Luego, tendría la parte en la que se auto reglamentaría la persona, utilizando sus propios términos especificando sus propios mecanismos de control Finalmente, la consideración de cualquier reforma le permitiría la protección privilegiada de cualquier enmienda solo en caso de que se dieran las convicciones estrictamente individuales.

Teniendo su propia Constitución, detallaría sus lineamientos generales a seguir para la consecución de sus objetivos. Su Misión estaría impregnada en su mente y sus acciones. Todo esto podría y debería ser puesto en práctica de manera individual, una vez se tomase consciencia del valor y significado individual que tienen todas las personas. De esta forma tendrías la plena seguridad de quien gobierna tu vida en realidad serias tú mismo(a), bajo la dirección de tus creencias, respaldadas por tu Fe y plasmadas en tu auténtica constitución personal.

¿Quién gobierna tu vida? sigue siendo la pregunta que debes de responderte. No lo hagas sin antes observar y reflexionar sobre el particular. En muchos casos las personas creen aparentemente equivocadas que son ellas las que gobiernan sus vidas pero, luego con el tiempo y con la observación minuciosa de los hechos comprueban que son las circunstancias y la voluntad de otras personas lo que generalmente gobiernan o dirigen la vida de muchísimas personas, siendo éstas las últimas en enterarse o reconocerlo.

7

¿Qué estás buscando?

Es una interesante pregunta que solamente admite una respuesta muy personal. Todos los seres humanos buscan algo pero cada uno lo hace con una perspectiva e ilusión completamente difer ente. Si se continúa en el enfoque central del condicionamiento del pensamiento se llegará a comprender, basados en esa disposición que generalm ente se busca principalmente todo aquello que satisfaga los intereses materiales.

En ese sentido es fácil observar como la mayoría, anda en busca de lo fácil, lo rápido y lo que alegre más pronto la voz del ego. Se busca dinero, fama, lujos y todo aquello que represente poder; en menor porcentaje se busca igualmente salud y amor. Decimos que se busca en menor porcentaje la salud y amor, sencillamente porque existe la creencia de que teniendo dinero, se tiene la salud y el amor. Tremenda equivocación!

Con todo el dinero del mundo, no se puede comprar el amor, se puede adquirir placer indudablemente que sí, pero eso no es amor! De igual forma y en menor probabilidad incluso, se puede comprar atención! Se puede mejorar la atención y el cuidado de la salud pero, eso de ninguna forma significa que se pueda comprar la Salud! Solamente aquéllos que han perdido la sanidad en alguna circunstancia de su vida, conocen y saben perfectam ente lo que esto significa. Los recursos económicos indudablemente pueden facilitar el cuidado y todo cuanto se relacione con la mejor atención de la salud, pero, de ninguna manera garantiza el poseer permanentemente esa buena salud.

Exactamente lo mismo sucede con el amor. Solamente los que conocen el amor, aman sin temor, porque saben perfectamente que el amor no se busca, no se consigue, ni se compra! El amor se regala, se da, se entrega, se siente, se disfruta, no se acaba, no cambia, no tiene contrario, eso es el amor!

Equivocadamente se cree y se piensa que el dinero proporciona y garantiza amor o la experimentación del mismo. Ilusa vanidad! El dinero sin duda, puede y de hecho facilita todo, da placer, abre puertas y corazones pero eso, de ninguna forma es amor! Hay cosas que no se pueden comprar con todo el dinero del mundo; una de ellas es precisamente el amor. Sin embargo, el condicionamiento del pensamiento en todas sus épocas y versiones ha permitido y continúa haciéndolo, convalidándose con ello el mal entendimiento que posibilita que cada vez el maquillaje que se le da al amor degrade injustamente su esencia.

El amor es una palabra muy prostituida debido a su mal uso, poco conocimiento y menos entendimiento. Ya hemos dicho que el amor no se hace, como tontamente suele recitársele a la pareja. El amor nace, no se hace! Cuando dos personas de sexos opuestos están copulando, se dice neciamente que "están haciendo el amor" es decir que si eso fuera verdad, el razonamiento más simple sería que en el mundo lo que más existe es el amor pero, bien sabemos que precisamente eso es lo que más falta hace, entonces, habría que comprender que lo que típicamente se hace o se tiene, es una relación sexual que puede estar impregnada de ése sentimiento que se llama amor, pero, no se haga creer a las personas como ingenuamente sucede que con o por amor se tiene sexo, ya que con esos elementos condicionantes se invita y arrastra a conclusiones inexactas.

En la práctica, desafortunadamente en la mayoría de los casos la evidencia es elocuente. La práctica demuestra una realidad innegable y en ese sentido lo que se observa es una confusión entre "querer y amar" conforme lo hemos señalado anteriormente. Cuando una persona tiene hambre "quiere comer", puede ser que ame la comida pero, en ese momento lo único que quiere es "comer". Cuando termine de "comer" ya "no quiere ni puede comer más" por cuanto ya satisfizo el "deseo de comer".

Lo mismo sucede cuando se quiere o se tiene el deseo de algo o de alguien. Una vez satisfecho ese deseo ¿qué? Se deja de desear o de seguir queriendo! Ya no se desea más, ya no se apetece más, hasta que el ciclo se repita y vuelvas a desear. De esta forma insistes todas las veces que pretendas o puedas.

Por el contrario, cuando una persona conoce el amor, ama amando, siempre quiere amar, no se cansa ni se llena de amor, quiere seguir viviendo para seguir amando, sencillamente porque el amor es eso, aire, luz, es la vida misma! ¿Observas la diferencia? ¿Qué estás buscando? Reiteradamente ésa será la pregunta que asaltará tu mente, en tanto no obtengas una respuesta clara a la interrogante.

Mucha gente en el afán de salir del paso o satisfacer al ego, podrá con ligereza responder afirmativamente que encontró lo que andaba buscando y podrá engañarse temporalmente. Al caer en la cuenta de que sigue buscando, comprenderá que la búsqueda todavía no ha culminado, lo que le hará comprender que lo que creyó encontrar, no era lo que buscaba!

Cuando se encuentra lo que se busca, la exploración termina, ya que no se puede volver a encontrar lo que se tiene, así como no se puede perder lo que nunca se tuvo! Cuando observes que el deseo de búsqueda ha desaparecido por completo, como desaparece la inquietud ante la majestuosidad del silencio; cuando comiences a sentir que inhalas y exhalas amor a través de tus acciones, no necesitarás otra señal para comprender que has logrado encontrar lo que andabas buscando.

La paz, libertad, armonía y felicidad que observaras en otros no será otra cosa que el reflejo de lo que emana en ti, lo cual podrás sentir con emoción porque naturalmente sale de tu interior indicándote que toda búsqueda, habrá cesado. Equivocadamente se vive en busca de todo lo material, sin embargo, la vida se encargará de mostrar que esta averiguación va más allá de lo tangible.

Cuando se logra encontrar lo que se estaba buscando, solamente queda agradecer a la inteligencia infinita por su sabiduría y misericordia. Una manera práctica de hacerlo es ejerciendo en cada una de tus acciones lo aprendido en el mensaje implícito de lo encontrado, con esto, no solamente permites tu desarrollo personal en pos de la perfección natural, sino que le das real sentido a tu vida.

Comprenderás mejor la importancia de seguir en ese afán que no es otra cosa que recuperar esa perfección, con la que se creó y destinó a este mundo a todos los seres humanos. Todos los días, tendrás tiempo suficiente como para preguntarte si encontraste lo que andabas buscando, lo importante es que tengas la valentía para formularte la pregunta a sabiendas de la respuesta anticipada que conoces y que no puedes ocultar.

Los seres humanos no debemos vivir por vivir. El tiempo pasa y la verdad huye, de tal forma que no hay que dejar pasar el tiempo sin encontrar ésa verdad que está al alcance de todo mortal. Si se adquiere el buen hábito de revisar periódicamente las ideas, se encontrará como beneficio directo la convicción de que se estará caminando en la dirección correcta, porque al final es la que tú mismo escogerás.

Toda persona sabe perfectamente cuando hace bien. No necesita que nadie se lo diga porque lo siente, sale de él o ella una fuerza interior que alegra su interior y contagia de vibraciones positivas sus acciones. De la misma forma todos sabemos cuándo actuamos o hacemos mal. Quien no lo sabe, sencillamente es porque no lo acepta. Es el EGO, quien al final de cuentas dom ina a la persona sin que ésta lo sepa o quiera saberlo.

Cuando surge la pregunta de si encontraste lo que estabas buscando, ésta interrogante encajará perfectamente ya que únicamente quienes se respondan afirmativamente, a sabiendas que son plebeyos de ese falso YO seguirán pagando las consecuencias de sus debilidades.

Solamente se puede buscar lo que se ha perdido u olvidado, sencillamente porque es imposible encontrar lo que nunca se tuvo! Por lo tanto, si crees en la existencia de un SER superior, del cual fuiste hecho a su imagen y semejanza, se debería comprender que un SER perfecto no podría haber creado algo imperfecto, por tanto su creación, de la cual eres parte, fue y es perfecta!

Es evidente que la contaminación humana se produce al momento mismo del nacimiento, así como a través del condicionamiento del pensamiento y la transmisión de todo aquello que viene intoxicando a los seres humanos a lo largo de su vida, lo cual le convertirá en un ente contagiado, lo quiera o no lo desee, consciente o inconscientemente así será, así es com o ha venido y seguirá siendo, hasta el momento mismo en el que decidas individualmente hacer algo diferente.

La búsqueda de ese esplendor perdido al momento de nacer se convertirá en el peregrinaje de toda su vida, donde el único objetivo será encontrarse así mismo, para liberar a la perfección intrínseca de su SER. Como ves, todos tenemos muchas cosas por hacer, lo que sucede es que en la mayoría de los casos, no se sabe por dónde comenzar.

¿Qué estás buscando? Reflexiona un poco sobre la pregunta, observa que es lo que tienes para contestarte. ¿Sabes en realidad lo que estás buscando? ¿Cómo pretendes encontrar lo que no sabes que estás buscando?

La vida de los seres humanos relativamente es bastante corta. Lo irónico del asunto es que muchísimas personas ignoran completamente el objetivo de su búsqueda. Pero existe la sensación y creencia de que todos van o están en busca de algo! Algunos llegan a saberlo identificando su búsqueda, mientras que otros simplemente no saben lo que buscan, por lo que transitan sin rumbo, esperanza o interés, preguntándose en muchos casos si en realidad deben de buscar algo!

Existe una tendencia natural y casi generalizada en buscar SEGURIDAD, pareciera que esa sería una de las búsquedas homogéneas del ser humano. En las diferentes sociedades el individuo por lo general siempre está focalizado en la seguridad, sea física o psicológica en sus diversas variantes y esto como consecuencia directa de su impulso congénito de resistencia.

El ser humano permanentemente está en la búsqueda de todo aquello que le proporcione bienestar, satisfacción y todo aquello que lo haga sentir seguro, libre de la incomodidad y dolor. Su accionar se convierte en una sucesión de movimientos que intentan permanentemente llevarlo a la creencia de que está o se encuentra en control de la situación que experimenta, evitando de esta forma la inseguridad que pudiera presentarse.

Durante su desarrollo, el individuo en ese afán de sentir que la seguridad está bajo su control, despliega una serie de recursos como el auto control, sus creencias, su identidad, su auto estima, su imaginación y todo cuanto le sirva en el deseo de advertir su propio dominio. Sabemos por experiencia que la seguridad como tal no existe, de manera que siempre habrá un factor incontrolable que es precisamente el que condiciona el anhelo de seguridad.

En tu caso ¿qué tan seguro (a) te sientes de ti mismo (a)?, hacia ¿dónde apunta esa búsqueda en lo referente a la seguridad? ¿Estás seguro en tu trabajo? ¿Realmente lo estás? ¿Estás seguro (a) de tu matrimonio? ¿En verdad lo estás? ¿Estás Seguro (a) de o la relación sentimental que tienes en estos momentos? Si no lo estás ¿qué es lo que está causando ésa inseguridad? Atreverte a enfrentar tus pensamientos te ayudará grandemente, no tengas temor de tus respuestas, ten la plena seguridad que te lo agradecerás algún día, si es que eres consecuente con tus convicciones.

¿Estás seguro (a) del negocio que estás pensando establecer? Si lo estás, no lo pienses más! Hazlo! Si no lo estás, ¿por qué quieres hacerlo? ¿Estás seguro (a) con el resultado que te han dado? ¿Has agotado todas las fuentes?

¿Por qué te das por vencido (a) tan rápidamente? ¿Confías en ti? ¿Estás seguro (a) de eso? Si lo estás no dudes ni te detengas, confía siempre en ti! Si no lo estás, si todavía no has aprendido a confiar en ti ¿cómo podrías confiar en otra persona si no confías en ti? Ordena esos pensamientos que de hecho algo debe de estar fuera de lugar, ya que es imposible que confíes en algo o en alguien si primero no confías en TI!

¿Estás seguro (a) que alcanzaras el resultado por el que estás luchando? Si la respuesta es positiva, comenzarás a sentirte feliz, realmente estás empezando a descubrir verdaderamente quién eres. Si te asaltan las dudas y sientes algún tipo de inseguridad, revisa nuevamente todo lo que has hecho o presentado hasta el momento, asegúrate de haberlo hecho de la mejor forma y si incluso estás a tiem po, corrige lo que haya que corregir, esto te dará la pauta de que estás cumpliendo con todas las for malidades.

Imagina el resultado que deseas, logra concentrarte de tal forma que tengas la absoluta convicción de que estás recibiendo lo que anhelas, percibe el olor del momento, siente la energía del ambiente, visualiza la entrega esto hará más pronto su realidad. Dentro de ésa búsqueda indefinida de las cosas igualmente encontramos la libertad como una de las más buscadas.

Las personas en el intento de desligarse de todo aquello que le represente apremio, constantemente buscan su libertad en todas sus formas, por lo que en cualquier área de su vida esgrimen los mismos argumentos incurriendo en la mayoría de los casos en serias acciones contradictorias que los llevan al punto de partida. De esta forma es fácil observar como en la etapa de la adolescencia, los jóvenes anhelan y buscan esa mal llamada "libertad" en el camino con muchas acciones desenfrenadas que se producen como consecuencia lógica de una nueva orientación, pero sin rumbo.

Al independizarse de la obediencia hacia los padres si es que existió en algún momento, el joven por lo general comienza a direccionar su travesía en base a las normas y costumbres del nuevo entorno, amigos (as), parejas, grupos sociales etc. Es así como desarrollan y evolucionan los seres humanos, dentro de diferentes contextos sociales que siguen las pautas dictadas por ese condicionamiento social que forma parte de la cultura colectiva.

En muchos casos se cae en situaciones indeseadas que al fin de cuentas se atribuyen al costo de tal proceso. ¿De qué libertad entonces estamos hablando cuando se siguen patrones y costumbres ajenas, dirigidas por intereses subalternos que se ignoran y que por lo general no se conocen ni desean conocer? ¿De qué libertad se habla cuando se vive encerrado en una prisión que la persona ha construido o está construyendo con sus acciones impensadas y de la cual irónicamente le será muy difícil salir a pesar que él o ella fue quien la construyó. ¿Quieres una prueba? Está bien. Ahí va!

¿Fumas? Si lo haces o lo has hecho, sabes perfectamente de lo que estamos hablando. ¿Por qué fumas? o ¿por qué fumaste? es la pregunta sencilla que te abrirá un mirador diferente, desde donde podrás observar cosas que antes no habías observado. Busca tu respuesta. Observa con atención cada una de las palabras que estás utilizando para contestar ésa pregunta. ¿Encuentras algún sentido coherente en la respuesta? Si la respuesta es afirmativa no hay nada de malo con eso! Es tu respuesta y es tu convicción, continúa haciéndolo hasta el día en que observes y entiendas diferente.

Puedo asegurarte de que llegará ese momento, lo que no puedo asegurarte es si será en ésta vida. Se entiende y respeta tu decisión de fumar, pero no por eso deja de ser un tema discutible. Más aún, si hoy en día está probado científicamente que el cigarrillo está íntimamente relacionado con la incidencia y complicaciones de las enfermedades cardiovasculares entonces, si en verdad se cree, se habla y se lucha por la libertad, de que voluntad se está hablando cuando en este caso el ser humano se convierte en un carcelero de su propio albedrío? ¿Es la adicción y no la convicción la que hace que se lleve el cigarrillo a los labios? ¿Por qué sucede esto? ¿Cuál es tu respuesta? Busca! Trata de encontrar la!

Yo puedo compartir la mía con todos ustedes. Simplemente dejé de pensar o creo que nunca lo hice sobre ese particular! Entregué mi libertad a la costumbre, la rutina, los actos impensados que no dan razón pero confunden fácilmente con guiones temporales que crean un lucimiento infiel. De la misma forma se puede observar el efecto que causa el servirse, usar o consumir cualquier elemento con aparente intención de hacer uso de una libertad malentendida o comprendida.

Sabemos bien que so pretexto de una libertad inexistente, se atropella, se daña, se miente, se engaña, se hace y se dice, se hiere y se acaba pero, lo triste y sarcástico es q ue casi siempre dentro de los afectados se encuentra la misma persona, quien por ignorancia infringió su propio precepto. Irónicamente, suceden hechos en la vida de las personas que demuestran que todos tenemos derecho a la vida y a una serie de voluntades inherentes a la condición humana que se encuentran promulgadas y expresadas en diferentes idiomas y ordenamientos legales y que abundan en el mundo.

Conocemos también, como cientos de páginas de la historia han sido escritas inspiradas por la sangre y la osadía de miles de hombres y mujeres que perdieron sus vidas y auto determinación en busca precisamente de libertades no alcanzadas. ¿Estás ejerciendo ésa libertad en tu vida diaria? Entonces, ¿de qué libertad estamos hablando y que es lo que tú particularmente estás buscando? ¿Realmente es tu voluntad la que finalmente decide las acciones que has decidido realizar, estás efectuando o te encuentras sometido (a) a la voluntad ajena? Analiza bien, no tengas temor caer en la cuenta de que las cosas no están sucediendo como en el fondo lo deseas. Tienes tiempo para enmendar y corregir.

No te olvides, este libro ha sido escrito con la intención de ayudarte. El Tiempo es ahora! ¿Tal vez lo que estás buscando es salud? Si es así, probablemente sea porque la has perdido o se encuentra resquebrajada de alguna forma ¿verdad? ¿Por qué tiene que ser así o por qué típicamente así sucede? Parecería que ésa es la pregunta ¿correcto? Bueno, la respuesta es por que no se puede buscar lo que no se ha perdido! O no se puede perder lo que nunca se ha tenido! ¿Cómo está tu salud? ¿Cuándo fue la última vez que te hiciste un examen general?

¿Por qué permitir que el condicionamiento de la mente cree en ti falsos conceptos con relación al cuidado de tu salud? ¿Por qué visitar al médico cuando el problema ya se encuentra complicado y no antes de que éste inicie el desarrollo de sus etapas? ¿Por qué permitir que el pensamiento condicionado, siga haciéndote creer que el cuidado de la salud es tarea o responsabilidad de terceros y no tu propia responsabilidad?

Hablamos anteriormente de la libertad ¿verdad? entonces, en ese sentido, ¿por qué someter la voluntad individual a la responsabilidad social? Esas ideas y pensamientos que se vienen arrastrando por generaciones, son los que crean las condiciones existentes para que las personas cada vez más descuiden su salud que les pertenece y de la cual solamente el que padece de ella, comprende bien su importancia y necesidad!

Cuando pensamos en la salud y en su búsqueda nos enfocamos no solamente en la parte física, que es la que generalmente se observa con mayor facilidad, sino más bien la mencionamos por la importancia que implica el comprender esta capacidad como un todo integral ya que no se puede hablar del tema de la sanidad, sin mencionar el equilibrio indispensable de la salud emocional, mental y espiritual.

La idea es comprender que la salud no solamente es la capacidad que se pueda tener para el normal desenvolvimiento del ser humano en la vida, es más bien el equilibrio que necesariamente debe existir para que esa vida sea más placentera. Hablar del tema de la salud es muy complejo, más todavía si llegamos a comprender que cuando estamos mencionando lo referente a la salud integral, necesariamente habría que considerar que para obtener esa salud deseada se debe considerar que la salud mental, física, emocional, espiritual y económica, juegan roles determinantes en la búsqueda u obtención de esa condición.

Otra de las búsquedas más codiciadas es la del dinero. Todo el mundo busca el dinero y muchos en realidad no saben ¿por qué? simplemente responden a ese condicionamiento que ahora es parte del buscador (a).El dinero es muy importante ¿qué duda cabe? pero en realidad ¿se llega a comprender bien su significado? "Con dinero se puede hacer lo que se quiere, se repite ingenuam ente ¿Quién dice lo contrario?

El punto central es que el dinero no es todo, pero sí es par te de ese todo. Por dinero se trabaja, se vende, se miente, se entrega, se mata, se viola y se traiciona. Podríamos seguir mencionando una serie de otras cosas que se hacen por dinero pero, consideramos que sería vano hacerlo ya que en ese sentido la idea es bastante clara para todos los mortales. El asunto es saber y comprender ¿qué es lo que el dinero es y significa?

Si tratas de observar con atención, dejando a un lado ese condicionamiento que hay en tu pensar, te darás cuenta que el dinero como tal no existe. Es sencillamente un convenio social donde en general todos están de acuerdo en proporcionar sus intereses o ayuda a otros a cambio de los símbolos monetarios existentes en el mundo; en otras palabras, el respaldo de ese dinero es la suma de los bienes y servicios de la población es decir, el Producto Bruto Interno o el PBI. ¿El dinero es tangible? Bueno ese es un tema igualmente muy interesante, profundo y bastante discutible.

No vamos a profundizar mucho en los conceptos, sencillamente queremos hacer la observación de que antiguamente se pensaba o se creía que el dinero se encontraba respaldado con oro, plata, divisas, etc., sin embargo, la comunidad internacional cayó en la cuenta de que ninguno de estos métodos de respaldo igualmente era seguro ya que el valor de esos metales o divisas está sujeto a la oferta y la demanda del mercado, por lo que no se podría garantizar en ningún caso que repentinamente se descubran grandes reservas de esos minerales o algún otro factor que aumente su demanda. Entonces, regresamos al punto de partida y nos encontramos con que el dinero en realidad es imaginario. El dinero es imaginario porque es fiduciario! Consecuentemente está basado o respaldado en la fe o la confianza de las personas, es decir en la comunidad humana.

En la actualidad nada de dinero del mundo está respaldado por metales preciosos ni nada que no sea una promesa de pago por parte de la entidad que lo emite. Éste es el actual modelo monetario que se utiliza en el mundo incluyendo el euro, dólar americano y todas las otras monedas de reserva. Entonces, las monedas y billetes fiduciarios no basan su valor en la existencia de una contrapartida en oro, plata, u otros valores, ni mucho menos en su valor intrínseco, simplemente se basa en su declaración como dinero por parte del Estado, el crédito y la confianza que éste inspira. Sin esta declaración, la moneda no tendría más valor que el costo del papel con el cual fue impreso.

Cuando se habla entonces del dinero, no hay que olvidar que a través de la historia de la humanidad se han usado muchos bienes como dinero: tabaco, sal, vacas, cabras, caballos, café, cacao, metales etc. pero, el más apreciado fue el oro, usado desde inicios de la historia, entonces, no hay que olvidar que cuando se habla de dinero, necesariamente hay que considerar lo que se piensa y cree acerca de él. El dinero no debería de hacerte, como sucede con la mayoría de personas que son tentadas y seducidas fácilmente por él. Tú eres quien hace el dinero. No te olvides de eso! Y ¿cómo lo haces? Si concluimos que los elementos fundamentales de eso que conocemos como dinero son la confianza y la fe, pues se debería utilizar esos dos mismos elementos para aprender hacer dinero, consecuentemente buscarlo y encontrarlo. Fe y confianza. Fe en el que cree, que no puede ser otro (a) que tú y confianza en nadie más que en ti! Es así como se hace u obtiene el dinero.

El dinero es importante ya lo dijimos, pero no lo es todo. La mayoría de personas solamente vive por y para el dinero, tremenda equivocación. Hay que valorarlo y respetarlo como tal pero, sin desentender que se genera a base de fe y confianza, no de sacrificio y dolor como se tiene acostumbrado pensar por el condicionamiento de los pensamientos. Antes de buscar el dinero, encuentra tu misión. Encontrada tu misión, veras que el dinero te seguirá en cada acción que esté orientada con ésa misión. No es magia, es correspondencia! Si limitas tus pensamientos estás restringiendo las fuentes por donde puede llegar el dinero. Deja de lado la mezquindad, acostúmbrate a pensar en la abundancia y el agradecimiento, comprobarás como poco a poco el dinero irá ocupando en tu vida el lugar que verdaderamente le corresponde de acuerdo a tus convicciones, principios y valores.

¿Qué estás buscando? Sigue siendo la pregunta. En esa búsqueda interminable, tal vez ¿estás buscando Amor? En verdad ¿es eso lo que buscas? ¿Qué pasa con el amor en tu vida? Ésta es una de las preguntas peor formulada o difícilmente entendida ya que solemos escuchar con frecuencia indiscreta ¿tienes un amor? ¿Qué pasa con tu amor? ¿Has amado alguna vez? ¿Te han amado alguna vez? ¿Tienes amor para dar? ¿Te han dado amor? Bien, si buscas amor, lo primero que deberías de comprender es ¿qué es el amor, cierto? Ya que como hemos mencionado en capítulos anteriores, lo más probable es que hayas escuchado el mismo interrogatorio pero, remplazado por la palabra "quieres o querido" Qué piensas al respecto Tienes tu propia respuesta? Atreverte una vez más a dejar salir de tu interior esa respuesta que clama la luz del día, será muy beneficioso.

¿Amor? ¿Qué es el amor? ¿Por qué lo busco? ¿por qué tendría que buscarlo? Todos sabemos que el amor en términos generales es un sentimiento relacionado con el afecto y el apego. Filosóficamente se entiende como una virtud que simboliza la generosidad, ternura y altruismo del ser humano. El punto de confusión surge cuando el mismo ser humano se cuestiona si tiene o se merece ese sentimiento o virtud.

Particularmente creemos que el amor es consustancial al ser humano, de manera que nace con la virtud y la capacidad de dar y recibir amor. Si gracias al condicionamiento de la mente se anda en busca de amor o del amor, puede que esa búsqueda al final del camino resulte infructuosa ya que se estaría en busca de algo que no se puede encontrar en ningún otro lugar que no sea el interior de la misma persona.

Para comprender bien de lo que estamos diciendo, será necesario que confíes en ti mismo (a). Cuando el ser humano llega a comprender que por naturaleza su SER está impregnado de amor, sencillamente comienza a entender que para encontrar eso que anda en su búsqueda, debe comenzar primero por dar ese amor el cual posee en cantidades inagotables. Solo así, amando, es como se ama. Se produce entonces un autoabastecimiento que hace que la persona se convenza de que el amor le pertenece, por lo que en realidad no necesita que nadie la ame, más sin embargo, otro semejante, guarda convicciones similares, entonces el amor brillará en el entorno de esa pareja.

Se llega a comprender perfectamente que amando se recarga ese amor que le pertenece. De manera que compartir ese sentimiento en virtud del convencimiento que se llega a obtener es parte de la grandeza del amor. Sentirse solo (a), no amado (a) es simplemente falta de entendimiento y comprensión. En realidad solo (a) nunca lo estás ni podrás estarlo, sencillamente porque siempre estás y estarás con tus pensamientos quienes te acompañan desde tu comienzo.

Si crees en la inteligencia infinita y reconoces la existencia de un SER supremo, sabes bien que este estuvo, está y estará por siempre contigo, porque forma parte de ti o tú de él, según lo quieras o puedas comprender. Entonces, si estás buscando el amor, no lo hagas en el lugar equivocado, ni creas que está en o alguna persona. El amor eres TU! El amor está en TI. ¿Necesitas encontrarlo? Claro que sí! Pero ya sabes donde podrás encontrarlo! En ti! Hacerlo por lugares equivocados, te conducirán sin duda a confundirte fácilmente. El amor es tuyo! Lo que debes de aprender es a comprobarlo y compartirlo!

¿En qué búsqueda te encuentras ahor a? Bien, imaginamos que puedes estar en busca de ENERGIA y ¿por qué pensamos eso? Sencillamente porque todos los seres humanos en algún momento de la vida orientan su esfuerzo a esa búsqueda! La Energía! La Energía es extremadamente importante, bien lo sabemos, pero ¿buscarla? Es que ¿se pierde o se termina en algún momento? Bueno, primeramente definamos o entendamos bien el significado de energía para el propósito que perseguimos o nos interesa buscar. El término energía tiene un sin número de diversas acepciones por lo que básicamente vamos a entender o definir como la fuerza de acción o movimiento.

Los seres vivos poseen un sutil y complejo campo electromagnético que hoy se conoce como campo energético y que está fuera de toda duda para la comunidad científica. Normalmente los médicos miden la actividad eléctrica del corazón y el cerebro por medio de los electrocardiogramas y los electroencefalogramas. No habría necesidad de efectuar tales mediciones, si no existiera actividad energética, ¿correcto?

La actividad biológica igualmente está basada en corrientes eléctricas, lo que nos lleva a mencionar lo que dicen las leyes de la física: "donde existen corrientes eléctricas existen campos electromagnéticos!" Por lo tanto el cuerpo humano no es una excepción, tiene campos electromagnéticos, los cuales son susceptibles de ser evaluados por los diferentes instrumentos de la tecnología moderna.

Considerando lo mencionado anteriormente, creo que no existe la mínima duda de que el ser humano, posee energía intrínseca y consustancial a su naturaleza ¿verdad? La energía es uno de los dos elementos que la comunidad científica ha probado existe en el universo y que conforme a los principios termodinámicos, se ha demostrado asimismo que : "La energía no se crea ni se destruye, solamente se transforma" y ”la energía se degrada hacia una forma de energía de menor calidad (energía térmica)" es decir, no se destruye, ni se muere, se degrada que es diferente, por lo que al producirse esa transformación, se producirán perdidas de energía, pero jamás en un 100%.

La energía entonces es esa fuerza que le da movimiento al cuerpo, es la vida misma! Esa vida no se pierde, no se acaba, simplemente se transfor ma. Y dentro de ese proceso de evolución constante el ser humano se va transformando a través de sus descendientes con lo que se cumplen igualmente las leyes físicas y universales. De manera que si andas en busca de la energía, no te preocupes porque no la perderás! Obviamente si se mal utiliza, la degradación de esa energía será mucho más acelerada, de ahí la impor tancia no solamente de mantenerse activo, sino que fundamentalmente comprender bien la forma integrada como funciona y trabaja la energía del ser humano.

Permanentemente estamos interactuando consciente o inconscientemente pero no dejamos de hacerlo nunca, ya que precisamente esos campos electromagnéticos son los que mantienen esa energía en firme movimiento, no únicamente con nuestros semejantes sino con el universo en pleno. Si estás buscando la realización en cualquiera de sus formas, pues debemos de partir igualmente del concepto inicial o lo que al final se defina o se entienda como realización. La realización no deja de ser una tar ea ni un proceso que involucra el desarrollo integral de los propósitos o deseos de una persona y la satisfacción de esta al haberlo alcanzado, por lo que, ubicados en ese contexto, se puede comenzar su búsqueda.

Durante las diferentes etapas y circunstancias en la vida de las personas éstas suelen sentirse o experimentar cierto grado de frustración y esto como resultado natural de insatisfacciones, postergaciones o acciones truncadas a lo largo de su vida. Es común ver a jóvenes de ambos sexos, ensimismados en su propio mundo consumiendo gran parte de su energía recriminándose por acciones negativas o equivocaciones resultantes de los yerros naturales durante su evolución.

Igualmente es frecuente ver a un gran número de personas frustradas consigo mismas y con la vida, al encontrarse en relaciones indeseadas que aparentem ente al comienzo de las mismas era lo que deseaban y apetecían en realidad, parecería como si la persona se encontrara prisionera en una celda construida por ella misma, sintiéndose como su propio carcelero. Lo irónico del caso resulta cuando la persona no encuentra la salida de algo que ella misma construyó.

En la mayoría de los casos, esa desilusión en contra de su propia persona es trasladada inconscientemente a las personas que forman parte de su entorno, haciéndolas directa o indirectamente responsables de algo que es de exclusiva responsabilidad del mismo individuo. Así se puede observar como carreras truncadas, relaciones rotas, actitudes irreverentes, compromisos indeseados y tantas otras situaciones de la vida cotidiana van sirviendo de "caldo de cultivo" para que sentimientos y emociones se conviertan en cimiento de esos grandes encierros.

La búsqueda terminará cuando comprendas que la realización de esos ideales es posible cuando se actúa en equilibrio y consecuencia con el SER interior que todo ser humano posee. La información, conocimiento, práctica, buena voluntad, amor, generosidad y la imperturbable idea de querer hacer siempre lo mejor, sin equivocación alguna, te llevará a la realización de cualquier objetivo.

Nuevamente, la idea es comenzar a creer en el que es capaz de poder efectuar lo deseado y ésa persona no es otra que tú! Un gran tiempo de la vida se va también en la búsqueda de sentirse importante para algo o para alguien. Lógicamente esto sucede más frecuentemente cuando la identidad, estima personal y el sentido de la vida están desatendidos.

Es "normal" que las personas busquen sentirse necesitadas, importantes, especiales, deseadas, útiles, únicas en ese sentido, hacen todo por ello, ya que en realidad lo que tratan es de satisfacer sus necesidades, condicionadas por la creencia de que cuanto más fama se obtiene, mayores serán las atenciones que se reciban.

La gente trata de obtener, títulos, propiedades, fortuna, joyas y todo lo que fuera posible para satisfacer esas necesidades que al final de cuentas solamente están en su mente. Los medios de comunicación, redes sociales, así como la cultura colectiva juegan un factor determinante en este sentido ya que es de esta forma como las sociedades van moldeando a su gente.

El condicionamiento del pensamiento tiene entonces un rol importantísimo en el resultado de esa búsqueda ya que se podrá seguir buscando por siempre en los demás la importancia que únicamente se puede encontrar en uno mismo. La tendencia social es que las personas piensan y actúan en función de lo que piensa n y dicen las demás, restándole total importancia a lo que piensa la persona acerca de si misma, lo que constituye la piedra angular de su propio problema.

Te hacen creer lo que eres en base a sus juicios y calificaciones. Te conviertes o te convierten sin darte cuenta de manera sistemática en lo que en realidad no eres! Lo peor del asunto, es que desde tus adentros tú lo sabes, pero desafortunadamente en muchos casos se deja de hacer lo que en el fondo se desea hacer y de esta forma se continúa muchas veces viviendo encerrado en la prisión que uno mismo construyó.

Se dice, se cree y se vive por y para los demás, desentendiendo que en realidad antes de vivir por y para los demás, necesariamente el que vive, que eres tú , debe estar en armonía total con tu propia naturaleza, para que recién la esencia de tu SER pueda manifestarse y ser compartida con los demás!

Algo que igualmente podrías estar buscando, sin aceptarlo por supuesto es la Fantasía! Si observamos detenidamente el comportamiento del ser humano, veremos como ya lo hemos mencionado anteriormente en otro capítulo que gran parte de su tiempo es consumido por los pensamientos del pasado y del futuro. Entonces, cuando esos pensamientos están enfrascados en lo que no existe, en lo que incluso no es, se está utilizando energía en una ilusión, en algo que se quiere o se desea que sea pero que en realidad no lo es!

Si la lectura de este libro te sorprende en esa etapa, es un momento oportuno para revisar bien los pensamientos, ya que como hemos anotado el único tiempo que verdaderamente existe es el HOY, el PRESENTE, el AHORA!

La pregunta sería ¿para qué gastar energías en el futuro incierto, si no se sabe si llegara? La práctica sin embargo demuestra y lo hace de for ma categórica que la mayoría de personas utilizan gran parte de su tiempo, ilusionándose o creando y proyectando situaciones que por lo general no llegan a materializarse! La pregunta es ¿por qué? Las respuestas pueden ser variadas, pero lo esencial es que en definitiva, lo que se quiera para un momento que no sea presente, sencillamente hay que realizarlo en el AHORA y no en el porvenir! Ya que la realización de un AHORA, garantiza la existencia de un futuro! ¿Para qué perder el tiempo soñando o ilusionándose? Cuando ésa energía puede ser utilizada en la realización de un AHORA constructivo que garantizará la realidad de un futuro cimentado.

Un matrimonio o relación estable y saludable, no se construye, ni consolida el día de la boda, tampoco al inicio del idilio, ni mucho menos observado las condiciones físicas, estéticas o económicas de la pareja. Ésas consideraciones pueden ser elementos condicionantes de la relación pero, en esencia estarán lejos de constituir factores determinantes para la constante fortaleza del enlace, toda vez que la estabilidad y salubridad del vínculo, descansará en el aporte homogéneo que la pareja otorgó en ese presente eterno que nutrió los valores que la hacen persistente en el porvenir.

Si la preocupación o ilusión de un futuro incierto es lo que atrapa tu atención, piensa tranquilamente que tú fuerza física, mental y espiritual está en el pensamiento que HOY está contigo. Entregarte íntegramente a la tarea que desarrollas, con la convicción de que las acciones posteriores estarán orientadas en esa misma dirección. Tendrás de esta forma, no solamente la tranquilidad de saber que tu energía está direccionada en la trayectoria adecuada, sino fundamentalmente comprobar el equilibrio de tus obras.

8

¿Tienes lo que mereces?

Para responder a ésta interrogante se necesita saber primero qué es lo que se cree merecer ¿verdad? Para saberlo es necesario observar y definir al merecedor (a) básicamente qué es lo que piensas y crees de ti, como sujeto a ser premiado y no responder equivocadamente basándote en lo que otras personas piensan de ti o repetir simplemente lo que igualmente suele mencionar la mayoría. El concepto que se tiene de uno como individuo está por lo general relacionado con lo que se cree acerca de lo que el resto piensa de uno y no en función directa de lo que en verdad la misma persona cree de su persona. Obviamente esto igualmente es resultado de ese condicionamiento del pensamiento que seguiremos sosteniendo a lo largo de todo este libro.

En la etapa inicial de toda persona, gracias a ese condicionamiento sistematizado, los niños en la mayoría de los casos comienzan a responder a patrones de conducta previamente establecidos por quienes tienen a su carg o la tarea de guiarlos inicialmente. De manera que, responden o son condicionados a que respondan en base a lo que para el "guía" es o será "lo correcto" ya que así se premiará y motivará al niño (a) cada vez que responda positivamente ante esos intereses y se castigará, y/o reprenderá negativamente a quienes hagan lo contrario, marcándolos de alguna u otra forma, como "buenos" y "malos". Con éstas reglas de formación que se irán repitiendo a través de los años y en los diferentes estamentos por donde transite el niño (a) se irán reforzando esas ideas con la complicidad del sistema y la anuencia del entorno familiar.

La persona en formación concluirá su etapa o ciclo de preparación con un inimaginable número de directrices que servirán de base para toda percepción que tenga durante el desarrollo de su vida, detectando en algunos casos la confusión existente, pero sin saber en la mayoría de los casos como corregir hábilmente la deficiencia que persiste en su interior.

Si se nace con el estigma de la indolente idea transmitida de que eres producto o resultado del "pecado", repitiéndose eficaz y groseramente esta idea ¿cuál crees va a ser tu respuesta como persona y ser humano a través de tu vida? Es que verdaderamente ¿nacemos del y por el "pecado"? Observa bien ese punto y ensaya alguna respuesta si no la tienes. En verdad ¿eres producto del pecado? Si esa idea o pensamiento condicionante está ahí en tu mente desde que naces y se repite sistemáticamente durante años, crees acaso que vas a pensar o creer que te mereces algo bueno o algo mejor? Claro que NO! Ahí está la m adre del cordero! Ahí se produce la primera gran contaminación de tu mente. Ahí es donde la ignorancia comienza a echar sus raíces para destruir más adelante cualquier pensamiento rotulado como nocivo para los intereses de las fuerzas ocultas que luego ejercerán su labor por medio de la cultura colectiva y evidentemente egoísta.

Es bajo esas circunstancias donde se produce la contaminación del ser humano, la cual irá en aumento, dependiendo del sistema y círculo social en el cual se desarrolle. Voy a citar un pasaje bíblico para que tu reflexión y entendimiento encuentren mayor base si es que deseas guiarte por lo que se encuentra escrito como palabra de Dios. "Sed, pues, vosotros perfectos, como vuestro Padre que está en los cielos es perfecto" (Mateo 5: 48). Éstas palabr as fueron pronunciadas por Jesús según el evangelista, por lo tanto, si Jesús afirmó o mejor dicho instó a que la raza humana para que actué conforme a su creación es decir, clara y enfáticamente está aseverando que " son perfectos, como el Padre que está en los cielos igualmente lo es"!

No debería existir ninguna duda al respecto ya que "el hijo de Dios está revelando categóricamente que quienes lo estaban escuchando igualmente eran perfectos! Aquí no hay confusión ni error de interpretación ni nada que se le parezca, aquí categóricamente se está aseverando la perfección del Padre Creador y se está exhortando a las personas a que sean lo que son, Perfectos! ¿Puedes entender bien eso? Hazlo! Es la piedra angular de todo esto!

El "pecado original" si es que verdaderamente existió, radica precisamente en ésta torpeza inicial de haber sembrado y retransmitido inconscientemente en la mente de los niños, algo que contradice las enseñanzas del propio Jesucristo.. ¿Qué puede pensar y piensa un ser humano acerca de si mismo, si en su mente tiene grabada y tallada la idea que nació del "pecado"? Psicológicamente éste, probablemente presente y desarrolle conductas condicionadas por tal pensamiento, el cual va a restringir su progreso o desarrollo natural.

Psicológicamente hablando nace o se forman dos aspectos contradictorios en su vida. Por un lado se le inculca que son hijos de Dios, hechos a su imagen y semejanza y por el otro, crecen con la mácula del pecado el cual sin equivocación alguna acompañará sus pensamientos afectando sus valores y convicciones de alguna forma. ¿Qué pasa si a esto le agregamos unos cuantos millones de frases negativas acumuladas y repetidas sistemáticamente durante su evolución "normal"? ¿Creerá esta persona que se merece algo bueno? ¿Tú lo crees? Vamos, llegó el momento de practicar! Hazlo, te sorprenderás del resultado inicial que obtendrás. Comienza ahora!

Primero que nada debes estar convencido (a) porque aquí no engañarás a nadie más que a ti, si es que las respuestas no se ajustan a la realidad de tus hechos ¿cor recto? ¿Cómo eres o has sido como hijo (a) con tus padres? Recuerda las travesuras y no lo confundas con las faltas ni acciones irrespetuosas. ¿Cómo eres o has sido como hermano (a) ? Recuerda bien de las acciones que has r ealizado. ¿Cómo te sientes? ¿Realmente eres consciente de todo lo que hiciste? ¿Cómo eres o has sido como amigo (a)?

No te olvides de la lealtad, honestidad y sinceridad, mucho menos de los sentimientos negativos, celos envidia y otros tantos que pudiste haber o estar experimentando. ¿Cómo eres o has sido como pareja? ¿Con tu novia (o) enamorada (o), fuiste o eres sincero (a), honesto (a), no te olvides de las mentiras y engaños que pueden o pudieran haber existido, sobre todo no te olvides de tus sentimientos y aquí tienes una extraordinaria oportunidad para revisar bien si quieres, quisiste, amas o amaste? ¿Cómo eres o has sido como esposo (a).

¿Son casi las mismas interrogantes que efectuamos anteriormente con el agregado de que si ¿en verdad te casaste por amor o por compromiso? ¿Amas o amaste a esa persona o sencillamente la quieres o la quisiste como típicamente suele suceder? ¿Cómo eres o has sido como padre o madre? ¿Querías en verdad serlo o te sorprendieron las circunstancias? ¿Has renegado o reniegas de alguno de tus hijos? ¿Te sientes ligado a ellos por amor o por obligación?

¿Cómo eres o has sido como suegro o suegra? ¿Verdaderamente respetas o has respetado la elección de tu hijo (a)? ¿Sientes algún afecto sincero por esa persona que hoy forma parte de tu familia y tú de la de ella? ¿Cómo has sido o eres como yerno o nuera? ¿Verdaderamente respetas o has respetado a los padres de tu esposa (o) u otras familiares? ¿Sientes o has sentido algún afecto sincero por ellos? Una vez más, no te olvides que la veracidad de las respuestas y conclusiones solamente te inter esan e importan a ti mismo (a) para que conozcas o comprendas mejor una realidad subyacente, la cual únicam ente podrá influir en ti de las únicas dos formas posibles, positiva o negativamente.

Si alguna de las respuestas obtenidas contiene o revisten afirmaciones negativas, es lógico suponer que si te preguntas ¿"Tienes lo que te mereces"? En casi todos los casos, la respuesta va a ser positiva! Es decir, te m ereces todo lo que te está pasando y lo que está sucediendo! Y sabes ¿por qué? Sencillamente porque partes de una premisa falsa. En verdad no eres quien te han hecho creer, eres mucho más que eso! Simplemente has respondido y sigues respondiendo en base a ése condicionamiento de la mente al creer que eres lo que aparentas ser. Suena confuso verdad? pero, en realidad no lo es!

Simplemente hay que ordenar las ideas, poner las cosas en su lugar y comenzaras a ver la luz, ésa luz que yace escondida en tu interior y de la cual puedes salir tan pronto seas consciente de ella. Nuevam ente voy a citar otro pasaje bíblico para referirme a la luz.<Yo soy la Luz> (Juan 9:5). Ésas fueron palabras textuales de Jesús de Nazaret que el evangelista ha reproducido en el libro sagrado. La luz es lo que ves cuando abres tus ojos por la mañana pero, también es lo que tu alma ve al despertar. La luz es la vida y nos muestra el camino a través de la oscuridad. Jesús no solamente dijo "Yo soy la Luz" como hemos mencionado, sino que dijo también <Vosotros sois la Luz del mundo> (Mateo 5: 12).

Es decir, su propósito queda claramente establecido con esas palabras al querer iluminar a los demás. Te pregunto y responde tú mismo (a), te han enseñado o hecho conocer de esto en algún momento durante tu formación? Honestamente es bastante improbable. Lo que se ha hecho es ahondar en la misma fosa común que existió entre Jesús y las personas de su época, creándose el abismo entre la luz y la oscuridad, por lo que la ignorancia sigue impidiendo que la gente hoy día comprenda que sigue viviendo en las tinieblas y debe salir de ellas.

No lo digo yo, lo dicen las palabras escr itas en la biblia para todos aquellos que son creyentes y seguidores de la palabra de Dios. Cómo pues, vas a creer que te mereces lo mejor, si sigues en la tenebrosidad de tus pensamientos, los cuales te condicionan inconscientemente, sin poder ocultar la tristeza de tu alma que siente la ausencia de no tener ni recibir lo que por principio te pertenece.

Si enfocas tus pensamientos en que eres energ ía y la luz del mundo como lo enseño Jesús; que en efecto, fuiste creado a imagen y sem ejanza del creador y que estás dotado de inteligencia desde antes de nacer y que tienes un cuerpo que es perfecto en esencia y del cual tú eres responsable y que tú haces posible el milagro de la creación y que has sido exhortado por el hijo de Dios para ser PERFECTO como lo es tu Padre que está en los cielos.

Con esos pensamientos en tú mente, repetidos incansablemente hasta el convencimiento y fe profunda de que en verdad es así, crees que no tendrías lo que te mereces? Dejo ésta respuesta para ti! Es entonces un buen momento para caer en la cuenta de que hay muchas cosas por hacer, principalmente todo cuanto se refiere a tu persona ya que eres la única entidad que puede hacerlo!

Al preguntarte si tienes lo que te mereces, obviamente primero deberás comprender si en verdad crees que te mereces lo mejor. Éste es el punto de partida para que cualquier idea o pensamiento se convierta en una constante que obligará a tu subconsciente hacer realidad la demanda que le estás haciendo ya que el subconsciente te proporcionará siempre todo cuanto le pidas en forma consciente o inconsciente.

Despierta tu consciencia para que en todo momento busque y obtenga lo que te mereces, luego se convertirá en un hábito positivo. Com probarás que tan pronto caes en la cuenta de la importancia de satisfacer tus requerimientos, se volverá una rutina, donde no permitirás obtener menos de lo que conscientemente aceptas para ti.

Normalmente la mayoría de personas suelen postergar y satisfacer las necesidades propias de tu ser. De esta forma, si llegas a comprender que lo más importante que tienes en tu vida es tu salud dejaras la mala costumbre de posponer la atención que tu salud requiera. En la práctica, es normal que acudas al médico cuando estás en un estado de cuidado extremo, pero cuando comprendes que te mereces lo mejor de lo mejor entonces com ienzas a poner en funcionamiento la medicina preventiva, donde la idea central es concurrir al profesional de la salud cuando estés sana (o) para de esta forma evitar o prevenir cualquier enfermedad y no hacerlo como normalmente sucede que se visita al médico cuando el problema o enfermedad ya se afincó en tu cuerpo y es poco o nada lo que se puede hacer para sacarlo de esa situación.

Cuando se trata de algo personal, por lo general si es para ti, siempre lo postergas para el final, primero hay que ver y hacer lo de los demás, luego si te acuerdas, recién piensas en ti. Me imagino que eres muy bueno (a) para aconsejar y dar ideas fabulosas pero, la pregunta que debes de hacerte inmediatamente es si tú ¿la has puesto en práctica contigo? Me imagino que no! ¿Terminaste con esa relación que únicamente te brinda frustración y desánimo? ¿Dejaste ése trabajo el cual en realidad detestas, pero lo sigues haciendo porque dices que un día de estos lo vas a dejar? la repregunta es ¿cuándo llegará ése día? ¿Cuánto tiempo ha pasado desde la última vez que lo pensaste?

¿Sigues con ese viejo automóvil al cual le das más cuidado que a ti mismo (a)? Estás convencido (a) de que mereces algo mejor, pero siempre hay una justificación a la mano, la pregunta es ¿hasta cuándo? ¿Tienes la casa que realmente te mereces? Si la respuesta es no, la pregunta es ¿por qué? Responde, no tengas miedo escuchar los argumentos de la respuesta, veras como fácilmente puedes empezar a realizar algo diferente para hacer realidad lo que te mereces! Si sales de paseo, te ¿vas a los lugares que realmente te gustaría ir? ¿Tienes la satisfacción de ir al restaurante de tu preferencia o comprar en la tienda de tu elección? Si no es así, por qué sucede eso? ¿Te has puesto a pensar detenidamente ¿ por qué pasan todas estas cosas? ¿Estás haciendo realmente lo necesario para revertir o cambiar la situación? ¿Por qué?

No te olvides la idea de este libro es invitarte a pensar y que encuentres tus propias respuestas para que veas lo que en realidad hay dentro de ti. Si te gusta lo que estás encontrando hasta éste momento, magnífico! Sigue leyendo, este es un buen momento para comenzar a cambiar en pos de lo que realmente te mereces! En éste punto, nos imaginamos que ya tienes una idea bastante clara de ¿quién eres?, ¿por qué estás aquí? y ¿para qué estás aquí?, ¿verdad?

Bueno, al preguntarte si tienes lo que mereces, es porque estamos convencidos de que nunca antes lo habías visto o percibido de la forma com o probablemente lo estás haciendo ahora. Indudablemente te mereces lo mejor y ese es un pensamiento al que se debe de llegar por convicción. Sabes ¿por qué? Simplemente porque eres lo mejor! Olvida el pasado y todo aquello que fue y no fue, recuerda, el pasado no existe! Solamente está en tu mente! por tanto, déjalo ahí!

Enfoca tu pensamiento en el ahora, el único momento que verdaderamente existe! Se consciente de tú presencia, concentra tú pensamiento en ti, en lo que eres y lo que deseas y quieres llegar a SER, solamente piénsalo! Pero hazlo con tal intensidad como si lo estuvieras viendo reflejado en una pantalla. Cuanto más claras sean las imágenes que estás imaginando, más real se convertirá lo que estás visualizando. ¿Qué es lo que te mereces entonces?

Bien, piensa, imagina, visualiza, proyecta, siente, toca, vive, sueña en todo momento! Verás luego como llegará a materializarse más rápido de lo que imaginas pero, debes de vivirlo y desearlo con intensidad, con pasión, con el deseo ardiente de querer hacerlo realidad. Todo, absolutamente todo cuanto visualices claramente y lo proyectes imaginariamente como si fuese una realidad no tardará en convertirse como tal, simplemente porque todas las cosas nacen en la mente y una vez creadas mentalmente es mucho más fácil llegar a m aterializarlas, sencillamente hay que mantenerse focalizado en la idea y vivir día a día con el deseo ardiente de convertirla en realidad.

Si conduces un vehículo, te mereces conducir un vehículo limpio, si no lo haces, comprenderás mejor por qué no cambian muchas cosas en tú vida. Sencillamente por que tú mismo (a) no te das lo que te mereces! ¿Te gustaría que te ayudara a r ecordar un poco algunas de las cosas que te mereces?

Puedes empezar con tu cuerpo ¿qué te parece? Independientemente de la edad o el sexo que tengas, te mereces lucir bien! ¿Qué significa eso? Significa que tu apariencia personal es muy importante para todo lo que hagas y te propongas en la vida. No nos estamos refiriendo a la parte estética ni a la superficialidad de la cosa, básicamente nos referimos al fondo de la misma. Te mereces lucir bien y punto! Porque lo que habita dentro de ti, merece ser reflejado en todas tus acciones.

Convencerte por ti mismo (a) es el objetivo. Si realmente crees que te mereces lo mejor, comienza por atender y cuidar tu salud. Es tuya y te pertenece únicamente a ti, puedes hacer de ella lo que realmente desees.

La salud estará directamente relacionada con lo que se come y la forma de hacerlo, de manera que al pensar qué es lo que se merece o te mereces, definitivamente si mereces una buena salud, tus hábitos alimenticios son los que marcaran la pauta de esa salud. El cuerpo es lo que se tiene como ente material que identifica y porta a tu persona, por lo tanto habría que comprender bien que todo lo que se haga en función de tener y mantener en óptimas condiciones esa unidad física es lo que permitirá la realización de todo cuanto esa persona proyecte o ambicione.

Una de las cosas fundamentales que se debería tener en cuenta es el hecho de que habría que necesariamente conocer más y mejor ese cuerpo. Sin embargo que es lo que sucede en la práctica? Nada! Sencillamente se desconoce cómo funciona y se le usa indiscriminadamente para todo lo que se pueda ocurrir pero, sin darle el cuidado y tratamiento que se merece. Aquí igualmente se puede observar con claridad como el condicionamiento del pensamiento va minando a las personas en lo más fundamental de ellas mismas, su propio cuerpo! Su unidad de vida!

La idea podría y debería ser todo lo contrario. Desde la primera edad, se debería instruir profunda y sistemáticamente al ser humano en el conocimiento y uso de su cuerpo para que éste conscientemente sepa a qué atenerse, sin embargo, es fácil observar cómo se empieza con la intoxicación mental y práctica de los niños cuando por ejemplo, los "padres" instruyen a sus hijos, con el cigarrillo en la boca y lo que es peor inclusive, cuando profesores, médicos y grandes personalidades hablan de salud intoxicando su propio cuerpo y el de los demás! ¿Hay realmente un mensaje claro en ese sentido? ¿Se puede de esta forma instruir y educar apropiadamente a quienes necesitan de esa educación?

El ser humano ¿merece experimentar y sufrir todas esas enfermedades que a través de los años la ciencia médica a probado que acaban con la vida de las personas? ¿Merece el ser humano alimentarse de la forma como vine haciéndolo? ¿Qué habría que hacer entonces para evitarlo? Bueno, la complejidad del asunto surge cuando de por medio están mal entendidas las libertades individuales, los derechos y toda esa gama de elementos que directa o indirectamente constituyen parte del albedrío individual. La situación se complica bastante ya que habrá y persistirán situaciones encontradas que cada vez harán más difíciles y complejas las políticas a seguir. En ese sentido, es donde surge la idea de formular esta pregunta para que individualmente cada quien haga lo suyo.

Si tú que estás leyendo esto, caes en la cuenta o el convencimiento de que puedes hacer algo por ti porque realmente te lo mereces, pues es tu opción de hacer o dejar de hacerlo, pero tienes la oportunidad y la libertad para poder decidir, eso es lo verdaderamente importante! Como ser humano inteligente y capaz de evolucionar permanentemente ¿te mereces continuar en la obscuridad y arrastrar contigo a quienes están a tu lado? No hay que olvidar que tus acciones servirán de guía para los que vienen detrás tuyo, por tanto, en nada agilizaras su camino si continúas extraviado en tu destino.

Tú ni nadie tiene la oportunidad de escoger donde nacer, menos elegir a los padres, hermanos y demás familiares; sin embargo, aquí si tienes la gran oportunidad de escoger a quien podría ser tu par, para crear una nueva vida! Si te mereces lo mejor pues necesariamente debes de pensar que te mereces una pareja digna de ti y tu digna de ella, verdad? Inteligente, sana, buena, con propósitos definidos, con principios y valores puestos en práctica, solamente así tendrás menos posibilidades de equívoco.

Pero hoy en día, eso a la gente no le interesa y menos le preocupa, sencillamente porque se consuela repitiendo mecánicamente la frase condicionada por el pensamiento limitado de "todos cometemos errores"! lo que se convierte en "una muleta mental" que ayuda a mucha gente a sentirse “menos mal” Sin embargo cuál es la realidad?

Objetivamente todos cometemos errores y el hecho de cometerlos no es nada malo, menos incor recto como el condicionamiento del pensamiento nos ha inducido a creer, por el contrario, es parte del propio aprendizaje y desarrollo individual pero, en situaciones como las que estamos planteando al observar expresiones comunes como ésas se recitan como un credo sin convicción.

Entonces, si se parte descuidadamente de un hecho que marcará la vida de las personas, es obvio comprender que los resultados se distorsionen cómodamente formando un círculo nocivo que otorga vida a la secuela de inexactitudes ampliamente reconocidas. Parejas desacertadas, hijos indeseados y sociedad turbada! Dentro de ese contexto de inexactitudes, el encontrarse frente a cualquier situación en la vida práctica confrontará a la persona consigo misma en el sentido de si está haciendo lo correcto.

A manera de práctica o ensayo, ¿cuántas veces te has preguntado si estarás haciendo lo correcto en tu vida? ¿Por qué la indecisión? Sencillamente porque en la mayoría de los casos no se está preparado (a) para lo que la persona comienza a vivir con la práctica. Aquí se recuerda con pesar, tristeza e impotencia que muchas de las cosas que fueron impartidas en la escuela no tienen ningún significado práctico. Puedes haber completado tus años académicos y ser todo un profesional ejerciendo tu nueva profesión pero, la cruda realidad en la que te encuentras te mostrará con hechos que para nada valió obtener las mejores calificaciones ya que nunca te solicitaran tu libreta de notas para obtener un préstamo del banco, no es verdad?

En la vida práctica a nadie le interesa saber si te graduaste con honores o no. Lo único que verdaderamente interesa es verificar tu histor ial crediticio, tu número de seguro social y si estás dispuesto (a) a seguir "ordenes", eso es todo!, ¿lo demás? es lo de menos! ¿Te mereces entonces los ingresos que estás obteniendo? ¿Te mereces el trabajo que estás desarrollando? ¿Eso es lo que verdaderamente has soñado y anhelado conseguir? Solo de ti depende la respuesta y los resultados que obtengas.

Otro aspecto importantísimo en cuanto a lo que te mereces es indudablemente proyectar correctamente lo que hay en tu interior. La imagen es muy importante ya que refleja lo que hay dentro. En ese sentido, la vestimenta simple y sencilla pero presentable, cómoda y limpia siem pre será un factor determinante y positivo. La pulcritud en el aseo personal, corte de pelo, uñas, zapatos y otros atuendos facilitaran siempre la buena imagen, colaborando positivamente con la actitud de la persona.

Las ideas y pensamientos desordenados, lógicamente serán captados fácilmente a través de la apariencia física de tu persona. La actitud es fundamental en la vida de las personas. Es la forma y el deseo encendido con el que se comienza el día, lo que marcará la pauta del mismo.

En ese sentido, al preguntarse si se tiene lo que se merece, se comprenderá fácilmente que muchas de las cosas o situaciones obtenidas son el r esultado directo de esa actitud. La postura, el caminar, el tono y modo de hablar, la forma de vestir, sonreír, la seguridad en el hablar, el lenguaje corporal y toda esa gama de detalles aparentemente insignificantes son los que al final de cuentas marcan la diferencia entre las personas en cuanto a lo que se merecen.

Aprender y comprender desde temprana edad de que se merece lo mejor resulta básico, sencillamente porque se actúa conscientemente pensando que ese bienestar natural es parte inherente de la persona, el cual se recibirá como consecuencia directa de las acciones realizadas en el convencimiento de que son parte de ese proceso congénito.

Ésta es una reflexión muy interesante que fácilmente puede llevarte a la obtención de alguna respuesta confusa, sino se comprende bien la esencia de la interrogante. Hacer lo que se desea no tanto en el sentido de hacer lo que se antoja, sino más bien conectado directamente con la libertad de hacer lo que consciente y responsablem ente se quiere hacer. En ese sentido, tendríamos que coincidir que por principio todos los seres humanos en esencia desean siempre dar rienda suelta al instinto, por tanto en ese sentido no siempre se está pensando ni deseando lo mejor.

La práctica demuestra con mayor evidencia que la costumbre está más encaminada en hacer lo que no se sabe, lo cual genera las diversas contradicciones que se conocen al respecto. Si comienzas a preguntarte con el fin de ir obteniendo algunas ideas, te sor prenderás con las respuestas que obtendrás al recibir dichas contestaciones. Veamos por ejemplo: ¿Por qué trabajas?

Lo haces porque en realidad deseas trabajar o lo haces porque ¿crees que tienes que hacerlo y que necesitas dinero? ¿Lo haces porque tienes obligaciones o quieres obtener algún cargo? , ¿lo haces porque estás buscando algún reconocimiento o figuración? Si ya estás trabajando, lo estás haciendo donde te gustaría hacerlo o ¿es lo mejor que has encontrado, dadas las circunstancias? ¿En qué parte del camino se quedó tu deseo? Tus aspiraciones si es que ¿las tienes? Porque es fácil imaginar que un gran porcentaje de personas trabajan en lo que verdaderamente no les gustaría laborar pero, lo hacen y lo seguirán haciendo. ¿Es tal vez también tu caso?

¿Qué hay con el estudio? ¿Estás estudiando lo que realmente deseas estudiar o acorde con la realidad actual, aun no sabes ¿qué es lo que pretendes, pero asistes a clase s de todas formas? La idea es que vayas observando cada una de tus respuestas, cuanto más se acerquen a tu realidad, mejor comprenderás la situación personal en la que te encuentras.

¿Qué hay de las personas con las que te gustaría estar o alternar? ¿Te sientes bien en tu círculo de amistades o preferirías otras personas? Y ¿qué hay de los lugares que frecuentas? Verdaderamente te sientes a gusto ahí o te gustaría ir o estar en otros lugares pero, tu "situación" o "condición" ¿No te lo permite?

Piensa bien en estas preguntas y respuestas porque ellas te pueden dar un claro dictamen de lo que está sucediendo en tu interior en estos momentos. ¿De qué depende en todo caso que puedas hacer lo que deseas? ¿De ti, del destino, las circunstancias u otras personas? Reflexiona sobre el particular y encuentra tu respuesta. Veamos, si depende de ti ¿por qué haces lo que no deseas? Si depende de las circunstancias ¿porque no entiendes, comprendes y dejas de resistirte? Y si depende de otras personas, ¿por qué lo permites?

Como ves, ante cualquier situación que se presenta en la vida, se tienen tres opciones: Aceptarlas, rechazarlas o dejarlas pasar! El secreto, si así se le puede llamar, es que cualquiera de las tres que escojas deberá ser entendida y comprendida de tal forma que todo lo que se haga estará bien si eres consciente con esa decisión.

Si escogiste aceptarla, la idea es que te identifiques plenamente con esa aceptación al punto de vivirla, sentirla, respirarla, actuarla, de tal forma que no habrá posibilidades para dar marcha atrás. Aceptar significa dejar de resistir, entregarse, rendirse totalmente ante esa energía.

Por el contrario si escogiste rechazarla, la idea estará centrada en que para tomar esa decisión, previamente pensaste, sentiste y actuaste todos los pro y contra de la decisión. Una vez tom ada la decisión igualmente entenderás que cualquier intento de resistencia actuará en tu contra porque la rebeldía afecta únicamente a quien la práctica. Si aceptas algo soporta todo cuanto implique esa aceptación y si la rechazas, de la misma forma, acepta el re chazo con la misma integridad con la que se recibe una victoria.

Finalmente, si decides no aceptar ni rechazar la situación, te quedará la opción de "dejarla pasar" ante lo cual, tendrás que poner en práctica la misma fuerza, "la no resistencia" Es decir, dejarla pasar significa no resistirte a ello, deja que fluya y continúe su camino sin que te afecte en ningún sentido tal decisión, simplemente por que no te permites ofrecer ninguna resistencia para que esto sea, lo que tiene que ser. ¿Te das cuenta?

Siguiendo con lo mismo ¿haces lo que deseas? Tal vez te suceda como a un gran porcentaje de personas y venga a tu mente con alguna frecuencia este pensamiento: ¿Hago algo por los demás? Si con la justas tengo tiempo para mí, responderás mentalmente! Si ese es el caso, aquí puedes observar parte del resultado de esa influencia del condicionamiento del pensamiento donde las directrices de la cultur a egoísta se manifiesta de manera práctica en la conjugación del verbo. Primero YO, después YO y más luego, YO! No queda nada más! De esta forma la primera, segunda y tercera persona quedan relegadas siempre a la primera! Yo, Yo y YO! ¿Suena familiar? ¿Quieres comprobarlo?

Desde la edad infantil se introduce en la mente de los niños (as) la idea del bien y del mal. Los niños (as) "buenos" (as) y los niños (as) "malos" (as). Surge entonces el planteamiento de la competencia y las condiciones por lo que aparecen las famosas expresiones: "Si no te portas bien", "como traigas malas notas", "eres igual que tu", "eres flojo (a) como tú", "no sirves para nada", "eres un niño (a) malo (a)", "toda tu vida vas a ser", "por qué no eres como", "por qué no haces como" etc.

Estas expresiones, profundamente negativas se encuentran almacenadas en el subconsciente de la persona y le acompañan o acom pañaran hasta que ésta decida destruir las impurezas que puedan haberle ocasionado. Con estos típicos patrones de conducta, con una actitud y deseo basado fundamentalmente en saciar los intereses personales, difícilmente se pensará en la posibilidad de hacer algo por los demás, salvo que contrariamente se hayan acumulado ideas y sentimientos cargados de generosidad.

Reflexiona un poco sobre tu vida personal y observa si en la actualidad vienes efectuando alguna acción dedicada a los demás, por ejemplo, ¿dedicas alguna parte de tu tiempo a causas sociales o proyectos comunitarios? ¿Estás ayudando a alguien en particular en alguna tarea que implique una mejora o bienestar para ésta? ¿Con qué frecuencia sueles asistir a cualquier persona que necesite de tú ayuda? ¿Lo has hecho alguna vez? ¿Te has ofrecido voluntariamente a servir o ayudar algún compañero de trabajo, algún familiar en un apuro o necesidad? ¿Crees acaso que la vida es una constante de satisfacciones personales? ¿Tiene o tendría para ti significado una vida desarrollada sin pensar o tomar en cuenta la ayuda colectiva? ¿Hasta qué grado de contaminación ésa cultura egoísta en la cual nos desenvolvemos la gran mayoría te tiene contaminado (a) al punto que no puedas darte cuenta que puedes mejorar aprendiendo hacer del servicio hacia los demás una práctica de vida?

¿Por qué es importante hacer lo que uno desea? Porque cuando más temprano comiences aprender la importancia de tu determinación y el acostumbrarte a tomar decisiones, más rápido comprenderás que hacer lo que se desea, no significa hacer lo que a uno se le antoje, sino por el contrario representa tener la fuerza de voluntad adecuada para no dejar de hacer lo necesario en pos del objetivo.

Basta ya de sabotear tus propios intereses, afectando a la única persona que en realidad importa en tu vida. Sin amor, no puedes amar verdaderamente! El amor no depende ni está en ninguna otra persona que no sea la tuya. Solamente debes de reconocerlo y dejarlo fluir. Una vez compruebes que tienes Amor en abundancia, te será mucho m ás fácil comprender que el amor se da, se comparte, se regala, se brinda sin preguntar ni exigir nada, es puro, está en ti.

Solamente experimentando el Amor que hay en ti, puedes concebir la convicción de que puedes Amar. Sería imposible Amar sin Amar, no se puede dar y menos recibir lo que no se tiene. De ahí la importancia de enterarse de que hay Amor en ti para dar y compartir. De igual forma sucederá con la integridad, respeto, honradez, lealtad, dignidad y todas las virtudes que poseemos por naturaleza los seres humanos pero que en muchos casos han sido alteradas infaustamente esas capacidades con el condicionamiento de los pensamientos.

Si observas y concluyes que eres la razón fundamental de la creación y que gracias a ti y a cada uno de los seres humanos este mundo es verdadero, acabarás por creer que siendo lo mejor de la creación te mer eces enteramente lo mejor, consecuentemente todo lo que haces estará en función directa de lo que deseas y mereces. De esta forma cada vez que pienses y preguntes si haces lo que deseas, tu subconsciente propor cionará y facilitará lo que corresponda es decir, te habituarás a vivir por y en pos de la excelencia, porque al final de cuentas eso es a lo que se aspira.

¿En qué tiempo vives? Hablar del tiempo es un tema que indudablemente merecería varios libros por lo profundo del tema. En este caso, lo mencionaremos con mucho respeto y prudencia sin entrar al fondo del contenido. Diferentes conceptos acerca del tiempo pueden llevarnos a confusión de manera que aquí vamos a centrarnos en el tiempo como unidad para fijar los diferentes espacios en los que suceden o se dan las cosas.

Se entiende, se dice y se conoce que hay un tiempo pasado, presente y futuro. Nosotros creemos que existe un tiempo solamente el tiempo eterno el presente que es el "aquí y ahora" El pasado no existe porque está muerto y el futuro no se encuentra porque todavía no ha nacido de tal forma, lo que sucede y está sucediendo en este preciso momento que lees, es en el presente que no es otro que el aquí y ahora del tiempo. Mañana, ese tiempo será el pasado; pero la única forma de que lo veas, observes o comprendas, será en el aquí y ahora de ese futuro que no será otro que el presente de ese momento. No hay otra forma en que se pueda recordar ni revivir ese pasado, lo harás siempre en el presente de ese nuevo aquí y ahora, porque es imposible hacerlo en cualquier otro tiempo que no sea el pr esente.

Nunca podrás vivir ni recordar pasado en el pasado, siempre lo harás en el presente! Será tu mente donde retendrás ese pasado muchas veces innecesario pero, igualmente al momento de recordar o revivir ese pasado, siempre lo harás en el presente, en ese aquí y ahora del momento en que desees recordar o estés recordando ese pasado que ya no existe. Lo mismo sucederá con ese futuro es decir, el porvenir que todavía no ha llegado, únicamente podrás ser consciente de él en el presente del aquí y ahora de ésa mañana que seguirá siendo siempre el presente de ese momento!

Y si quieres soñar con el futuro, igualmente siempre lo harás en el presente de ese aquí y ahora que es eterno, porque no podrás hacer lo en otro momento que no sea el presente, de manera que la pregunta que espera tu respuesta es, ¿en qué tiempo estás viviendo?

Piensa un momento, concentra un poco tu atención y observa el día, cómo es o cómo ha sido hoy. ¿Has estado consciente de cada uno de los pensamientos o acciones que has desarrollado durante el transcurso de hoy? Para ser más objetivo puedes realizar otro ejercicio y en la práctica podrás observar con mayor precisión qué es lo que deseamos demostrar.

En los capítulos anteriores mencionamos que el ser humano tiene en promedio un aproximado de sesenta mil pensamientos diarios y que el 95% de ese porcentaje se repiten constantemente. ¿A qué inferencia lógica nos puede llevar ese detalle? Correcto! Un altísimo porcentaje de seres humanos viven en el pasado! ¿Por qué llegamos a tal afirmación? Muy fácil.

Si la mayoría de pensamientos son repetitivos y si estos obedecen a ideas o condiciones del pasado es fácil imaginar cómo la persona va recreando una serie de acontecimientos ocurridos que absorben su energía rehaciendo en su mente acciones o situaciones pasadas que no pueden ser cambiadas ni alteradas pero son frecuentemente recreadas, como si se buscara entretenerse en el recuerdo de momentos no siempre buenos ni felices, pero que a la gran mayoría les gusta, caso contrario no lo harían.

Si ésta es una práctica común en un alto porcentaje de individuos, podemos presumir que una gran dosis de energía negativa es utilizada inconscientemente para minar su propia fuerza, afectando negativamente su persona y la de su entorno.

Efectuada la precisión con relación al tiempo presente, pasado y futuro, se puede inferir que la mayoría de personas en base a las acciones conscientes o inconscientes que realizan se encuentran entre el pasado y el futuro, siendo infrecuente que se ubiquen en el tiempo donde en efecto suceden todas las cosas, el presente! Lo cual no dejará de ser una ironía.

Consecuencia de esa irrealidad en la que se vive, la mayoría cree padecer de algo que pudiera identificarse como falta de tiempo. Como hemos mencionado en el capítulo anterior, las personas constantemente están repitiendo "que no tienen tiempo" o "no les alcanza el tiempo" que para efecto de lo que pretendemos demostrar viene a ser exactamente lo mismo. Cuando hablamos del tiempo, nos estamos refiriendo a la proporción física con la que medimos la duración o separación de eventos sujetos a cambio de los sistemas sometidos a observación.

En este caso, el día tiene veinte y cuatro horas y el año trescientos sesenta y cinco días. Las mismas veinte y cuatro horas que tienes tú, las tiene el presidente de cualquier país, el empleado (a) de cualquiera fabrica y todos las demás personas ¿correcto? ¿Qué sucede entonces? ¿Por qué esa creencia equivocada que no te alcanza el tiempo? ¿Estás trabajando mucho? ¿Estudias demasiado como dirán algunos (as)?

Ésta es otra "muleta mental" en la que suelen apoyarse muchas personas para evitar confrontar una realidad que solamente les puede llevar una vez más al convencimiento del gran efecto negativo que causa el condicionamiento del pensamiento. Decimos esto, porque es una respuesta casi generalizada cuando se trata de referirse a la falta de tiempo. Sin embargo, creemos que para todo hay tiempo, claro está, si somos conscientes del cómo le damos uso.

A.C.Nielsen Co. Afirma que el norteamericano promedio está frente al televisor más de cuatro horas por día, lo que viene a ser veinte y ocho horas por semana o dos meses sin parar viendo televisión en un periodo de un año. Es decir, en doce meses, la persona se pasa dos meses comple tos frente al televisor. Quiere decir que en sesenta y cinco años de vida, la persona habrá utilizado nueve años de su existencia pegado al televisor!

Si a esto le agregamos el tiempo promedio que una persona utiliza en el Internet, redes sociales y teléfonos celulares, comprenderemos fácilmente que no utiliza menos de ciento ochenta minutos por día, lo que es igual veintiún horas a la semana u otros dos meses completos aproximadamente usando estos medios de comunicación. En el mismo periodo de sesenta y cinco años de existencia, la persona fácilmente habrá consumido diez y ocho años de su vida, solamente en ver televisión, hablar por teléfono, utilizar las redes sociales y navegar por Inter net!

Agreguemos a éste interesante dato estadístico las horas que normalmente se utilizan para dormir. Si se considera que en promedio una persona adulta duerme ocho horas diarias, tendremos que a la semana utiliza cincuenta y seis, al mes doscientos cuarenta y tres y dos mil novecientos veinte al año, lo que quiere decir que duerme completamente por cuatro meses en un año. Entonces, si se considera que duerme cuatro meses y que igualmente utiliza otros cuatro meses viendo televisión, hablando por teléfono, usando el Internet y utilizando las redes sociales ¿cómo podemos pensar o solam ente decir que no tenemos tiempo?¿Te das cuenta de la situación? ¿Comprendes ahora un poco m ejor el efecto de la contaminación y el condicionamiento de la mente?

No hay que olvidarse igualmente del tiempo que se utiliza para el cuidado personal, aseo, alimentación y necesidades fisiológicas, fácilmente se utilizan otras cuatro horas diarias para esos menesteres, lo que asimismo nos dará en promedio veinte y ocho horas a la semana o dos meses adicionales completamente utilizados para estas tareas en el periodo de un año. En la lista tenemos ya diez meses utilizados en los asuntos mencionados, pero todavía no hemos dicho nada del trabajo, transporte, estudio, relaciones sociales, sentimentales y mucho menos vacaciones, tiempo personal y familiar que son extremadamente importantes.

Si aumentamos el tiempo destinado al trabajo veremos como el presupuesto del tiempo excede fácilmente con el tiempo que se tiene y debe usar para vivir "normalmente" tal vez ésa sea la razón por lo que la mayoría de personas esgrimen el argumento de la falta de tiempo para hacer lo que "ellos quisieran hacer" ya que resulta evidente que el tiempo utilizado en la forma como lo indican las estadísticas y la práctica común, hace lucir como que no hay tiempo para más! Una de las razones fundamentales podría ser que la gran mayoría vive en un desfase con relación al tiempo y todo gracias a ¿qué? Correcto!

El condicionamiento del pensamiento colectivo y los valores descaminados van genera ndo estas lecturas y movimientos que sirven de caldo de cultivo para lo que en la modernidad se ha denominado "estrés" Para demostrar en forma objetiva la falacia de lo que significa la expresión "no tengo tiempo" me gustaría que respondas a las siguientes preguntas con toda integridad y con honestidad afirmes "que no lo harías" sencillamente porque "no tienes ni te alcanza el tiempo" Listo (a)? comencem os,

"Si recibes una invitación del Presidente de la compañía donde trabajas, este te está indicando un día y una hora para que te reúnas con él, probablemente te va a ofrecer algo mejor ¿Qué le respondes? Lo siento, pero no tengo tiempo? .

Un (a) hombre o mujer a quien conoces, te gusta muchísimo y sientes algo muy especial desde hace mucho tiempo pero, no has tenido la oportunidad de decirle nada porque vive a dos horas de distancia de tu casa; un día, recibes una llamada telefónica y te dice "me gustaría verte el fin de semana para compartir juntos y hablar de algo que quiero decirte desde hace tiempo" ¿Qué le dirías? Lo siento, ese fin de semana voy asistir al cumpleaños de un familiar, me gustaría pero, no tengo tiempo?

Estás trabajando y tienes un puesto de Supervisor(a) muy importante, ganas $1,200 a la semana de pronto, recibes una llamada telefónica de tu Tío Mario quien siempre está viajando, vive a dos horas de distancia, te conoce muy bien, tiene mucho dinero y te dice: "Sobrino (a) últimamente he pensado mucho en ti, no sé por qué, pero quiero hacer algo que quise hacer hace mucho tiempo, regalarte personalmente $ 10,000.00 para que lo utilices en lo que más necesites, te espero mañana al medio día en mi casa, tengo que estar en el aeropuerto antes de las cinco de la tarde. Se puntual! ¿Qué le responderías a tu querido tío Mario? ¿Que no puedes ir porque tienes que trabajar o no te alcanza el tiempo? que por favor te envié el dinero por correo?

Como puedes ver, estos casos hipotéticos, no distan demasiado con el fondo de muchas realidades al final, siempre se hace lo que verdaderamente interesa o importa para la persona independientemente de las obligaciones o responsabilidades que ésta tenga. Ésa es una verdad innegable que hay que conocerla, aceptarla y comprenderla! Siempre prevalecen los intereses personales porque el YO, gracias a la cultura egoísta es más fuerte q ue tú, él, ellos ellas, nosotros, vosotros o ustedes.

La vida cuando es mal entendida y valor ada invariablemente enseñará con rigor y con el paso de los años demostrará sin equivocación alguna la realidad que hoy no deseas, ni procuras comprende r. Puedes observar a través de tu propia experiencia o tal vez la de las personas cercanas esto que suele repetirse de manera infalible cuando no se hace uso prudente del tiempo.

Generalmente los niños cuando son pequeños, siempre quieren estar al lado de los padres, jugando y disfrutando de su compañía; desventuradamente en la práctica, un gran número de padres no tiene tiempo para sus niños, dizque porque tiene que trabajar. Están muy ocupados haciendo cosas en los momentos más importantes de su formación y no tienen hora para él, ella o ellos.

La vida cual ardoroso recolector les cobra la factura correspondiente cuando luego, esos niños de ayer se convierten en adolescentes y adultos mañana. Es ahí donde los padres, quisieran que sus hijos tengan espacio para ellos pero, la situación se trastoca! Ahora son ellos los que no tienen oportunidad para sus padres, serán los amigos (as) quienes ocupen un papel más importante en sus vidas, más adelante será la chica o el chico, novia (o), esposa (o) y los hijos quienes cubrirán todo su espacio importante, mientras que ese padre o madre tendrá momentos suficientes como para recordar y comprender que nadie puede cosechar lo que antes no sembró!

Hay una expresión popular que dice "todo da vuelta" indudablemente el fondo de esa expresión popular está sustentada en verdades amparadas por las leyes naturales: "Toda acción genera una reacción" "Lo que es arriba es abajo", "Todo lo que sube, tiene que bajar", "Cosechas lo que siembras" etc. Por eso es importante que tom es nota del tiempo en que estás viviendo, para que observes con inteligencia lo que estás haciendo y lo que puedes o debes de hacer de acuerdo a tus convicciones.

El Presente-eterno de este momento es ideal para hacer todo lo que te propongas, de manera que cambiando esa percepción equivocada que se tiene acerca del tiempo, el camino apropiado para disfrutar del único tiempo que en realidad existe es aquí y ahora!

Si como es natural te asaltan conceptos revestidos con ideas y contenidos pasados, el propósito es que rápida y automáticamente generes un pensamiento contrario es decir, cargado de positivismo y presente, para que así alimentes el subconsciente con más intenciones afirmativas que negativas, de manera que, gradualmente se irá produciendo ese equilibrio natural, donde existan ideas, pero cada vez en mayor proporción las provechosas que al final de cuentas dominarán el razonamiento sea cual fuera éste.

Al preguntarte en que tiempo vives igualmente despertarás tus neuronas cuestionando la autenticidad de la circunstancia, empujándote tú mismo (a) de una manera práctica hacia la consecución de lo que persigues. Es fácil urdir en el pasado pero, el hacerlo siempre te consumirá existencia, la cual irreversiblemente desenfoca tú presente cuando en la mayoría de las veces se hace por rutina. El pasado es bueno e importante cuando lo recuerdas en el presente con la intención de nutrirte del mensaje o enseñanza, más no, para censurar, castigar y menos para lastimarse uno mismo o a los demás.

El pasado no tiene sentido en esas circunstancias ya que se convierte en una acción nociva para quien vive en él, toda vez que se podrá subsistir en el presente pero, seguirá atado a ese pasado improductivo que solamente existe en su mente, desgastando su energía y manchando las acciones que pudiera estar efectuando en su vida.

El condicionamiento del pensamiento hace posible que las personas enfoquen sus energías en el pasado, de ahí que mucha gente viva de recuerdos, añorando situaciones pasadas, repitiendo acciones y costumbres ocurridas sin pensar o darse cuenta que así se produce un estancamiento en su evolución. Es importante recordar el pasado pero, para aprender de él, perfeccionando todo aquello susceptible de perfeccionamiento.

Así como ahora no se utilizan ya los vehículos de los años treinta, igualmente las creencias acuñadas desde épocas remotas, deberían ser revisadas por uno mismo para definir su vigencia, conforme a los propios criterios y parámetros de quien las revisa. De ésta forma, se comprobaría como una gran cantidad de mandatos y prohibiciones han venido formando parte de tus opiniones.

Cuando la gente no está viviendo en el pasado inexistente, generalmente lo hace en el porvenir ilusorio, aquel futuro incierto que adormece los recuerdos del pasado, descentrando el conocimiento del presente único. Se pierde la noción del tiempo y se vaga en la ilusión fugaz del deseo ficticio que entretiene pero que impide la vivencia y acción dentro del único tiempo posible, el AHORA que es el aquí que no es otro que el presente-eterno!

De tal forma, todos los días de alguna u otra manera siempre existirá un pensamiento orientado hacia ese futuro inexistente. Estarás pensando qué o cómo hacer para revertir esa situación. Sencillam ente hay que desarrollar el estado consciente. Estar despierto en el momento en que se dan o suceden las cosas, de tal forma que si te asalta un pensamiento del pasado, estas lo suficiente alerta como para detectarlo y rechazarlo por no ser parte del presente consciente en el cual se debe de vivir, haciendo exactamente lo mismo si el pensamiento asaltante fuera o correspondiera al futuro no llegado, ni disfrazado como parte del presente eterno.

Vivir el tiempo presente resulta fundamental para la persona. Desafortunadamente muchas personas viven atrapadas en el pasado que consume su tiempo minando su energía con recuerdos nocivos que enturbian su ánimo, generando una serie de actitudes indeseadas que al final se presentan como parte del desarrollo normal de los acontecimientos.

Si se deja de ser consciente al momento de vivir, llegará el momento en que el condicionamiento del pensamiento, respaldado con los inventos de la tecnología moderna destruirá la esencia de la humanidad, convirtiendo a sus habitantes en una generación de torpes. Por lo tanto, la pregunta estará siempre vigente para de esta forma evitar caer en repeticiones vanas y así impedir que las personas se conviertan en autómatas, sin ser conscientes para definir sus acciones y la naturaleza de sus actos.

El tiempo improductivo en el que se cae como resultado directo del condicionamiento es lo que distrae a las personas, envolviéndolas en la nubosidad que bloquea y distrae inconscientemente la energía productiva con la que se viene al mundo, pero que sin sentir se va regando en el camino. Atreverse a observar el tiempo y caer en la cuenta de ese presente eterno en el cual suceden todas las cosas, resulta especialísimo para deja de vivir en el recuerdo estéril del pasado. No pierdas más tú energía soñando con ese prometido que no existe y lo que es real, no puedes afirmar que vendrá, sencillamente porque todavía no ha nacido.

En las acciones en las que te encuentres involucrado (a) en estos momentos, sea en tu vida afectiva, en el trabajo, los estudios, con los amigos (as), con los compromisos sociales, íntegramente en lo que fuera, compr ende que solamente hay un momento para la realización de esa acción y ese momento siempre será AHORA!

Realmente cualquier cambio que pretendas solamente ocurrirá en el único tiempo posible que es y será AHORA, de manera que si observas detenidamente el significado y lo que implica el tiempo presente en la realización de cualquier acción, comprenderás sin equivocación que es un asunto de observación, entendimiento y comprensión.

Si ya tienes más clara la idea de quién eres, de por qué y para qué estás aquí, caerás en la cuenta de que si a partir de este momento eres verdaderamente consciente de la existencia del tiempo, te será mucho más fácil comprender de que todo aguarda por una acción que es ejecutada en el AHORA!.

Estando conscientes del único tiempo posible, tus acciones siempre estarán impregnadas de esa energía constructiva que hace posible el Ahora. Dónde quiera que te encuentres, en la situación que fuera, siempre habrá la oportunidad para ese AHORA, depende exclusivamente de TI y de nadie más, para que se convierta no solamente en un deseo, sino más bien en la acción del movimiento que es la vida!

Entonces en ¿qué tiempo estás viviendo? En el AHORA constante y eterno de la vida que da brío, vitalidad y explicación a los pensamientos o en el PASADO o FUTURO inexistente que consume la energía en recuerdos o ilusiones que distraen, pero que paralizan la acción en la comodidad de cualquier inacción.

Si tu deseo es traspasar una línea cualquiera en el lugar que te encuentres, no te detengas a pensar lo que has recorrido para llegar al punto donde te encuentres ni pienses en los inconvenientes que puedas encontrarte más adelante al seguir en tu camino hacia el objetivo, únicamente se consciente de que estás ahí, concentra tu presencia, observa tu intención y comprende que algo debes de haber hecho para encontrarte en la situación que te encuentr as.

Si ya eres consciente de tu misión es un buen momento para dar gracias mentalmente a la inteligencia infinita por todo lo acontecido hasta ese punto. Ahora nuevamente toma consciencia del punto en el que te encuentras y del punto al que pretendes llegar en tu siguiente movimiento. Tus convicciones, inspiradas por la razón de tu misión y alimentada con la energía positiva de toda actitud triunfadora, guiaran tus acciones en esa dirección, haciéndote sentir en cada movimiento que todo tu mejor esfuerzo está comprometido en tu accionar, por lo que el resultado que obtengas, será siempre alentador ya que antes de ejecutar cualquier acción, te acostumbraras a visualizar mentalmente el efecto deseado, de tal manera que incluso sin obtener el objetivo que te propongas la tranquilidad interior que experimentes será el resultado de la integridad de tu acción.

El condicionamiento de la mente se produce de manera tan sutil que difícilmente se acepta como una prá ctica común y mucho menos como una maniobra intencional. Suele presentarse con el maquillaje de la moda introduciéndose desapercibida en la vida de las personas, de forma tal que las conductas y las acciones deseadas por los intereses camuflados difícilmente son observadas o percibidas por los individuos, quienes simplemente consumen entretenidas los mensajes preparados profesionalmente con la intención de obtener una respuesta favorable por parte del consumidor.

El invento del televisor lograría posteriormente masificar los mensajes y las com unicaciones. Fue a partir de 1930 que en los Estados Unidos como en otras partes del mundo se comenzó a utilizar este medio social, llegando a convertirse en uno de los recursos más efectivos en el empeño sostenido de conseguir replicas convenientes para ciertos intereses orientados en la obtención de popularidad y ventura.

En la actualidad todo eso ha evolucionado igualmente, de manera que el condicionamiento del pensamiento se produce ahora en fracción de milésimas de segundos a través de la tecnología, redes sociales y los distintos medios de comunicación masiva. Hablar hoy en día del condicionamiento de los pensamientos es como creer en el cuidado de la salud, utilizando mayor consumo de sal y azúcar en la ingesta de los alimentos.

Las personas, especialmente los jóvenes, difícilmente se cuestionan lo que les afecta y ¿por qué? Viven pensando más si es que lo hacen, en la necesidad y satisfacción del momento ya que los resultados poco importan en cuanto a cómo se obtuvieron. La cultura popular demanda el logro de los objetivos, sin preguntar cómo se obtuvo o se conseguirá, lo importante es que se consiga!

Es ahí que en toda mente perturbada resulta incoherente preguntar lo que se cree "es innecesario" hacer, porque se asume y se supone saber que se conoce o entiende lo que se pregunta. Se prefiere escoger la abstención de la consulta antes de permitir la incomodidad del ego, ya que si cualquier tonto (a) conoce la respuesta, cómo no la voy a conocer yo? es lo que en silencio gritará la mente inquieta por la ignorancia.

La experiencia y la práctica demuestran sin embargo que la mayoría de personas que creen conocer el fondo del tema, en realidad desconocen lo que en si implica el condicionamiento, no tienen idea y menos conocen una réplica fundamentada, únicamente porque rechazan la demanda solamente por creerla irreal.

La contaminación o condicionamiento del pensamiento hace difícil diferenciar lo real de lo irreal y viceversa. Ahora todo es virtual, de manera que es más fácil aceptar o creer que estás donde no estás y que sientes sin que te toquen o que toques sin que te vean pero, igual haces o te hacen sentir. Ése es en esencia el condicionamiento de la mente.

El preguntarte en que época vives, te permitirá ubicarte en el tiempo y en el espacio dentro del contexto real de la dimensión que ocupas. No estás en el pasado oculto y misterioso del tiempo, tratando de caminar sin sentido por caminos sin ruta, ni estas en el futuro incierto de los pensamientos de ensueño imaginando la realización de una fantasía incumplida o aquel en el que todo lo que hagas y dejes de hacer pasará a formar parte de ese pasado o futuro, asegurándote de que lo único autentico es lo que estás haciendo en éste presente eterno, aquel que no tiene fin.

Estás en el presente comparable con el placer apasionado que tiembla de alegría solamente imaginando que en cada jadeo de felicidad se va la fuerza de vida, al tiempo que recarga su energía con la vibración del instante que disfruta. Estás en el tiempo en que todo y nada se ocupa de ti. Estás en éste momento donde la consciencia clama y demanda tú atención, al tiempo que la moda espera tú distracción. ¿Para qué pensar? Eso hay que dejárselo a otros! Vamos a divertirnos! Total para hacerlo no necesitamos pensar! De lo contrario ¿dónde estaría la diversión? Pareciera que ésos fueran los mensajes o pensamientos colectivos de la cultura juvenil, sin dejar estos de tener una dosis de veracidad.

En realidad no hay nada de malo con divertirse y claro, para hacerlo realmente, muchas veces hay que salirse y dejar formalidades y etiquetas a un lado pero, sin perder el sano juicio y sin dejar de observar esa línea imaginaria que recuerda la equidad. Distraerse no es sinónimo de renuncia ni mucho menos implica alejarse del razonamiento y dejarse arrastrar por emociones que puedan surgir en ese determinado momento; por el contrar io, recrearse significa dar rienda suelta a lo contenido, a lo aprisionado que hay y está dentro de ti, precisamente por algún exceso de razonamiento que te inhibe y prohíbe que hagas lo que subconscientemente deseas hacer.

Deseas volver a sentirte niño (a) y no lo haces, sencillamente porque has llegado al convencimiento equivocado de que esa fue una etapa en tu vida que ya pasó que si no fue lo que quisiste ni deseaste ser ni hacer, ahora ya es tarde y sería o se vería ridículo verte en tal o cual situación. Deja que los frenos inhibitorios que contienen tales pensamientos nocivos desaparezcan al tiempo que te permitas soltar la contención para que veas, compruebes y te regocijes de esa energía escondida que busca la luz de tu consentimiento para ser manifiesta.

El tiempo es Ahora, atreverte a salir del propio juego en el que tal vez te has colocado sin darte cuenta. Observa y revisa bien que es lo que estás haciendo y a qué estás jugando. No tengas temor el comenzar de nuevo o tal vez perder ésta partida que luce descuidada por falta de atención a los movimientos más importantes. Trascendente es que sepas a lo que juegas, con quien, ¿por qué y para qué lo haces? Saber que estás jugando, resulta fundamentalmente importante ¿verdad? Para ello, hay que conocer el juego y sus reglas. Conocerlo en verdad, sobre todo "las reglas" pero, no las tuyas, sino las reglas del juego de la vida.

En realidad la vida podría entenderse o definirse como un juego. Es un juego eterno en el que todos tienen la oportunidad de jugar, les guste o no hacerlo, lo harán de todas formas, unos conscientemente y otros solamente sin haberlo imaginado. La vida es una oportunidad dentro de ese juego en el cual todos estamos involucrados de alguna u otra forma, queramos o no jugar! Nos guste o no hacerlo, siempre lo haremos de alguna u otra forma! Se aprende a jugar en cada jugada. Si lo comparamos con un juego de Ajedrez, puedes imaginar que juegas con la vida, con nadie más!

Lo importante es observar y comprender que existe la posibilidad de perder la partida incluso el juego pero, lo que no sucederá es que pierdas la vida! Ya hemos mencionado en otros capítulos que la vida no se acaba, no se termina ni se pierde como el condicionamiento del pensamiento logra hacer creer.

Juegas con ella o contra ella pero, no para perderla sino por el contrario, para ganarla! Cada movimiento te mostrara un camino, te aportara una señal, te dará una enseñanza, de ti depende captar el mensaje que recibas, atrapando la fragancia de la idea, así, no solamente evolucionaras en tu juego, sino que veras con otros ojos a tu adversario y comprenderás que la única persona con la que has competido y competirás siempre será con la tuya ya que es a la única que verdaderamente puedes y debes siempre superar en el juego permanente de tu propia vida.

9

¿Qué haces para mejorar?

Antes de intentar cualquiera de las mejoras, lo primero que habría que hacer es saber lo que se pretende m ejorar, cierto? En ese sentido, luego de que hayas obtenido alguna respuesta referente a ¿Quién Eres? y observes más claramente el ¿por qué y para qué estás aquí? resultar á casi imperativo que te hagas el siguiente examen: ¿Qué haces para mejorar? Toma tu tiempo, observa detenidamente la respuesta que tengas, si es que hay alguna. ¿Qué estás haciendo en verdad? Analiza lo que estás haciendo hoy en relación con lo que hiciste ayer o la semana pasada, el mes pasado, el año lejano ¿observas algún cambio? O es una práctica aburrida que te lleva al convencimiento de que todo sigue igual. Claro y va a seguir exactamente de la misma forma, a menos que hagas algo diferente, porque como bien sabemos es una locura " hacer exactamente siempre lo mismo y esperar un resultado diferente".

¿Qué te hace falta para que empieces hacer algo diferente? ¿Dudas de ti? ¿De tus capacidades? Veamos, si para responder a esas interrogantes es necesario que recurras a la fuente de tu origen, a la esencia de tu SER, hazlo! Caerás en el convencimiento de que eres un ser humano perfecto! Sí. Al leerlo nuevamente te convencerás que has leído correctamente: P-E-R-F-E-C-T-O! Bueno, vamos a precisarlo mejor. Fuiste creado perfecto(a) como todos los demás, ¿correcto? Olvida por un momento tu realidad subyacente, profundiza un poco dentro de ti! Cuando llegas al mundo, lo haces equipado(a) con todo lo necesario para desarrollarte en armonía con la creación.

Si hubiera alguna aparente imperfección, ten la plena seguridad que tienes una gran compensación que seguramente no te hará menos completo (a). Desafortunadamente al igual que todos los humanos, desde el mismo día de tu nacimiento has comenzado a ser sistemática y progresivamente contaminado (a) de manera inconsciente e involuntaria, por ignorancia, se podría decir mejor.

El asunto es que no hay que culpar ni responsabilizar a nadie de eso total, la propia perfección te permitirá luego caer en la cuenta de lo que debes de hacer para recuperar tu estado original siempre y cuando así lo decidas. Si caes en la consciencia de ello, por supuesto! Es ahí desde donde surge la idea de preguntar ¿qué haces para mejorar?

Si aceptamos que hemos sido contaminados involuntariamente, pues de la misma forma deberíamos aceptar que podemos y debemos hacer algo para mejorar el estado actual en el que nos encontramos ¿verdad? ¿Qué hay que hacer primero entonces? Pues bien, observar y reconocer el origen, luego el grado de contaminación natural y finalmente la tarea individual de recuperar el estado inédito. ¿Es posible hacerlo? Indudablem ente que sí! Es un trabajo individual que solamente podrá obtener resultado por medio de la D-E-S-C-O-N-T-A-M-I-N-A-C-I-O-N.

Te asaltarán innumerable cantidad de ideas y preguntas de toda índole pero, para todas ellas puedes y debes tener tus propias conclusiones. Sin duda no te hará nada mal saber lo siguiente: Eres un SER extraordinario, magnífico. Eres bueno(a) por naturaleza; nadie nace malo(a), nadie nace pobre o rico(a) como nos han hecho creer. Se nace en ambientes y circunstancias diferentes, pero nacemos iguales; como venimos, igual nos ire mos! Sin nada! Absolutamente nada! Porque nacimos de la nada y regresaremos a esa nada que es la esencia de todo!

El pobre o el rico(a) son simples adjetivos que distingue a unos de otros temporalmente, pero en esencia son iguales, ninguno de ellos, se llevará nada material el día que partan, sus cuerpos se descompondrán de la misma forma, de manera que es hora ya de ver y pensar diferente, sin permitir que el condicionamiento de la mente, léase bien el ego, haga de las suyas, idiotizando la m ente de las personas, marcando distancias y fronteras inexistentes. Cuando se dice que los seres humanos somos iguales, es precisamente en este punto donde se podría y debería entender perfectamente esta afirmación.

Todos, sin excepción dejarán de existir físicamente, sus cuerpos sin importar que es lo que fueron se descompondrán sin privilegios, despedirán olores fétidos y experimentaran el silencio de la muerte, la cual independientemente de la raza, sexo, edad o nombre, tratará a todos por igual, sin lograr hace rles comprender las vanidades o superficialidades en las que probablemente perdieron gran parte de su vida.

Es oportuno entonces, observar y comprender bien todo esto ya que para comenzar cualquier cambio que ayude realmente a mejorar lo fundamental, lo primero hay que concebir es que esa alteración tendría que ser necesariamente interna, caso contrario se convertiría en algo superficial e impracticable.

Cuando ordenes tu interior, lo exterior y todo cuanto te rodea igualmente se irá acomodando al ritmo de tus movimientos. Cuanto mayor sea el equilibrio interior mejor será el efecto y armonía exterior, así de simple. La mayoría de las personas viven agitadas en la creencia de que el tiempo no les alcanza, parecería como que no se dieran cuenta que el tiempo tal como humanamente lo tenemos entendido tiene veinte y cuatro horas por día, de manera que nadie tiene un minuto más ni menos; sin embargo, la mente, va siendo condicionada de tal forma que se llega al convencimiento de que no hay tiempo para nada inclusive ni para mejorar. Y vaya si lo creen!

Estoy seguro que conoces o has visto personas que dicen que "todo va bien o al menos se hace lo mejor que se puede para vivir la vida". Si es así, te invito a que pienses un momentito en ti y en todo lo que haces, pero no te olvides, "todo lo que haces" para que compruebes que es lo que estás haciendo y decidas por ti mismo (a) si en verdad puedes hacer algo diferente, veras con alegría que sí puedes.

Existe el convencimiento de que todos los seres humanos pueden mejorar, es más, deberían mejorar! Pero lo primero que todos se preguntan es ¿dónde comenzar? Es ahí donde se encuentra el verdadero escollo. La mayoría de las veces se ignora que se pueda mejorar porque la gente vive cada vez más convencida de que "así es la vida" y "hay que echarle pa'lante" como se repiten muchos!

En realidad, no están diciendo ni haciendo nada nuevo! Simplemente repiten inconscientemente una expresión que los paraliza, los adormece. A veces nos resistimos a darnos cuenta o simplemente creemos que hay otras cosas "más urgentes" que hacer, sin embargo, el tiempo se encarga de mostrar que no es así!.

Muchas veces creemos que es muy tarde para todo. Nada más lejos de la realidad! Se puede y se debe mejorar en el momento mismo en el que se cae en la cuenta de que algo puede estar mejor. Es en ese preciso momento es donde sin importar el tiempo, circunstancia, ni lugar, se puede empezar a mejorar solamente con el hecho de tomar conciencia de la necesidad de la m ejora.

¿Cómo saber o cómo darse cuenta del momento de mejorar entonces? Simplemente estando en sintonía contigo mismo (a), tus vibraciones energéticas te harán sentir lo necesario para darte cuenta de cualquier momento. Piensa en todo lo que haces. ¿Te sientes feliz y satisfecho(a) de tus actuaciones? Piénsalo. Si verdaderamente estás totalmente complacido(a) felicitarte no es malo, pero te recuerdo, no caigas en el cinismo ni te identifiques con esa filosofía, si ésa es tú intención. Analiza éstas cinco áreas importantes del quehacer humano y observa si realmente crees que no hay nada que puedas mejorar.

Empieza por tu salud ¿cómo te sientes? En verdad, no me digas a mí, sino responde a ti mismo (a) ¿Cuándo fue la última vez que te hiciste un examen general? ¿Cómo están tus niveles de colesterol? ¿Cómo están los triglicéridos?

¿Cómo están el aparato circulatorio, corazón, páncreas, los riñones, hígado, los dientes? Como está tu aparato digestivo? ¿Cómo está tu presión arterial? ¿Cómo está el nivel de azúcar en la sangre? ¿Cómo está el sistema nervioso? ¿Cómo están tus pulmones? ¿Has aprendido a respirar? ¿Aprendiste a comer? ¿Aprendiste a ejercitar tu cuerpo apropiadam ente?

Bueno, si has respondido afirmativamente que todo está en orden y que estás consciente de todo ello, excelente! No te preocupes por nada en verdad estás bien, realmente no tienes ninguna cosa que mejorar pero, si solamente una de las preguntas te hizo pensar y honestamente piensas que no lo sabes, pues es ahí donde puedes comenzar a informarte y educarte, has cualquier cosa que revierta el estado en el que te encontrabas antes de darte cuenta o ser consciente de lo que ahora percibes.

Sigue ahora con tu salud económica, como están tus finanzas? En verdad ¿lo sabes? ¿Cuál es la respuesta? ¿Tienes algún dinero ahorrado? ¿Cuánto? ¿Algún plan de inversión? ¿Tienes tu reserva económica para casos de emergencia? ¿Ya empezaste a pensar en tu fondo de retiro? ¿Cuánto de lo que ganas se queda contigo? ¿Hasta cuándo vas a trabajar? ¿Tu familia está protegida en caso te suceda algo malo? ¿Podrán mantener el mismo estilo de vida que ahora tienen si tú llegaras a faltar mañana? ¿Tus hijos podrán continuar sus estudios, sin tener que preocuparse por eso si tú no estás mañana? ¿Qué pasa con tu esposa, podrá ella continuar pag ando la casa y manteniendo a la familia si algo te sucede?

¿Sabes cuánto estás pagando de interés por esa tarjeta que acabas de usar? ¿Tu trabajo depende de ti o tú del trabajo? Cuando vas algún restaurante con la familia ¿te fijas primero en los precios antes de ordenar o tienes la libertad de poder gastar lo que fuera necesario para el disfrute de los tuyos? ¿Realmente conoces los por centajes y detalles de los pagos de la hipoteca de tu casa, seguro del automóvil, seguro de incendio, del préstamo que estás pagando hace algunos o muchos meses? ¿Lo sabes?

Si has respondido afirmativamente a todas las preguntas, eso quiere decir que todo está debidamente cubierto, entendido y comprendido, por tanto no hay nada de qué preocuparse, no tienes que mejorar! Disfruta la vida, realmente tu situación financiera siempre va despertar animosidad entre quienes te rodeen. Pero, sabemos perfectamente tanto tu como yo que no es así!
Digo sabemos, porque estoy convencido de que si no lo sabias, pues ahora tienes la absoluta convicción de que no es así ya que es probable que lo sientas, percibas e intuyas.

Ahora de lo que se trata es de no seguir engañándote, si así ha venido sucediendo. Si solamente hubo una pregunta que te dejo pensando, sabes perfectamente desde lo má s profundo de tu ser que hay mucho por mejorar, la idea es que lo reconozcas, lo aceptes y que comiences ya. No te engañes una vez más, no te lo permitas, no te lo mereces.

Ahora, enfoca el amor ¿cómo estás con eso? En verdad ¿te amas? ¿Te respetas? ¿Cuándo fue la última vez que comprobaste que en verdad te amas? ¿Realmente amas a esa persona? No te olvides la diferencia entre amar y querer ¿qué es lo que está sucediendo en este caso, amas o quieres? ¿Te aman o te quieren? ¿Estás permitiéndote ser tú mismo (a) te conocen las personas con las que te relacionan realmente cómo eres? Tus familiares, saben en realidad ¿quién eres?

¿Te has puesto a conversar, dialogar o jugar con ellos para lograr ese acercamiento o identificación? ¿Te gustaría hacerlo? ¿Conversas con tu par eja todo lo que te gustaría? ¿Eres honesto (a) con tu pareja? ¿Cómo te llevas con la familia de tu pareja? ¿Realmente es la relación que te gustaría tener con ellos o con ellas? ¿Qué hay de tu relación con las personas que no conoces, experim entas algún respeto por ellas? ¿Crees que las am as? Bien, ya sabes la sugerencia. Si todas las respuestas salieron libres y sinceras, fantástico, no hay nada que mejorar, por el contrario, hay mucho que agradecer, caso contrario, tienes muchísimo por hacer, así que comienza ahora mismo.

Observa ahora tu relación personal ¿cómo estás contigo mismo(a)? ¿Tienes un tiempo para ti? ¿Cuándo fue ese último tiempo para ti? Trata de recordar sinceramente. ¿Estás haciendo lo que verdaderamente te gusta o desearías hacer? ¿Has descubierto tu talento? ¿Lo estás utilizando? ¿Te satisface completam ente la manera como luces e interactúas con todas las personas? ¿Realmente crees que no tienes nada que cambiar ni corregir? ¿Le haces caso a tu conciencia?

¿Te has perdonado alguna vez? ¿Has perdonado alguna persona? ¿Crees que ya lo sabes todo? ¿Puedes aprender algo nuevo? ¿Te gustaría que te recuerden como alguien que en verdad no eres ni nunca fuiste? Similarmente, ya sabes la rutina, respuestas todas afirmativas, habría que felicitarte doblemente porque no tienes nada que cambiar, caso contrario, comienza hoy mismo porque no hay tiempo que perder, hay muchísimo que cambiar y/o corregir.

Fíjate ahora en las relaciones interpersonales ¿cómo está tu actuación con las personas que te rodean, compañeros de estudio, trabajo, amigos etc.? ¿Eres leal y honesto con todos ellos? ¿Has experimentado la envidia con alguno de ellos? ¿Has mentido en algún momento para beneficiarte y/o perjudicar a alguien? ¿Realmente eres o has actuado siempre con integridad contigo mismo y con ellos? ¿Has pensado o deseado a la mujer o al hombre de tu amigo (a), compañero(a), o familiar? ¿Has dicho siempre la verdad acerca de ellos (as), has hablado mal o permitido que lo hagan sin que estén presentes?

Como veras éstas son únicamente algunas de las preguntas que puedes formularte en todas las áreas que estimes conveniente para que verifiques si en el fondo realmente crees que vale la pena mejorar en cada uno de esos aspectos, hacerlo, te har á sentir lo que tal vez nunca antes hayas experimentado en el sentido de encontrar una razón fundamental para que tu vida sea una realidad conforme a lo que tu interior te indica, te expresa o manifiesta.

Eres una persona excepcional por naturaleza, de manera que ese debe de ser uno de los pensamientos dominantes en tu mente que te permita dirigir todos tus actos en esa dirección así, cada vez, no solam ente reforzaras tu convicción, sino que estarás más seguro(a) de lo que eres realmente. Lo fundamental es comprender que constantemente puedes obligarte a mejorar. ¿Para qué? Podrán preguntarse algunos (as). Pues para encontrar el verdadero sentido a la vida. Solo examinando y observándote a ti mismo sentirás y comprobarás la verdadera dimensión de tu Ser.

De esta forma, comprenderás con objetividad que con la única persona que puedes compararte es con la tuya y que la única competencia real en tu vida es la que permanentemente debes de sostener contigo mismo (a) en ese intento interminable de recuperar tu perfección. El condicionamiento del pensamiento hace que la gente crea y siga diversas conductas en pos de un futuro mejor.

Hay ordenamientos, filosofías y doctrinas que hablan de un tiempo mejor pero, ¿qué es lo que la práctica nos muestra cada día? Progresivamente violencia por todas partes, asesinatos, violaciones, barbaries, corrupción escándalos y una serie de toxinas mentales, que van corrompiendo la sensibilidad humana, al punto de que lo "raro y anormal" sería que un día no sucediera ninguna de esas situaciones que se han convertido en práctica común. ¿Qué hacer para mejorar?

La pregunta es individual, pero como sabemos, muchos responden: "Bueno, eso no es mi problema". La expresión de por sí, transmite un mensaje de indiferencia. El punto es que si individualmente no se hace nada para mejorar, poco será lo que pueda esperarse com o cambio colectivo. Podríamos mencionar muchos ejemplos, pero solamente vamos a citar algunos para complementar mejor la idea.

La televisión es uno de los medios por el cual se vende y regala indiscriminadamente muchos de los tóxicos mentales a los que hemos aludido. El consumidor, mejor dicho tu que andas en busca de alguna distracción o entretenimiento, desafortunadamente caes consciente o inconscientemente dentro de ésos intereses. La pregunta es, si un programa cualquiera que fuera, careciera de televidentes, ese programa ¿tendría la maner a como subsistir o seguir en el aire? Indudablemente que no, sería la respuesta elocuente.

Entonces, si se habla de alguna acción posible que pudiera ofrecer beneficios individuales y colectivos, lo más factible seria tomar la decisión de abstenerse de ver esos programas luego de haber observado y analizado su contenido. Concluyéndose que contienen piezas nocivas para la salud mental de cualquier televidente. Elemental diría Sherlow Homes a su inseparable Watson. De esta manera, estamos convencidos no se solucionaría el problema pero, se evitaría de alguna forma que éste siga creciendo.

Se sabe que el ser humano es un animal de costumbre por tanto, comprendemos que los hábitos son parte de las personas, entendiendo bien que nadie nace con ninguno de ellos, sencillamente porque estos son adquiridos y moldeados a través de su vida. El hábito, como sabemos es la repetición constante de una acción, de manera que los hábitos pueden y de hecho son creados. Existen hábitos buenos y malos. En este caso, "que haces para mejorar"? es una generosa oportunidad para pensar en la creación de hábitos positivos. Cualquiera lo puede hacer, es simple, únicamente requiere voluntad, decisión y mucha persistencia.

Existen muchos estudios que hablan de tiempos determinados durante los cuales se llegan a establecer los hábitos, normalmente veintiún días, pero la persistencia y reiteración del mismo tendrá mucho que ver con lo profundidad de su posicionamiento. Por lo general las personas viven sumidas en una r utina o repetición incansable de malos hábitos y les cuesta tremendamente corregirlos, modificarlos o cambiarlos. ¿Cuál es la razón o respuesta? Muy simple. Es fácil hacerlo pero, es más fácil, dejar de hacerlo! Consecuentemente optan por lo último.

Difícilmente las personas se cuestionan si están haciendo las cosas bien o si podrían mejorar en esto u otro. El condicionamiento del pensamiento lleva al ser humano al punto de hacerle creer que todo lo que hace está bien y si no lo está, debe de existir alguna razón que justifique lo que está haciendo, en todo caso, se dirá: No soy el único! Esa es una de las "muletas mentales" más peligrosas ya que lejos de hacerle ver una realidad, lo confunde muchas veces creando cierto grado de conformismo. ¿Qué hacer para mejorar la rutina?

Precisamente es ahí donde surge la creatividad que es capaz de mover cualquier pensamiento en acción. En el intento de saber qué estás haciendo para mejorar, es muy importante resaltar que se pueden y tal vez deban hacer muchas cosas pero hay que recordar también que ninguna de estas tendrá un resultado efectivo si se abandonan antes de haberlas puesto en ejecución.

La idea de fondo es identificar las prioridades e iniciar un proceso sostenido de creación de buenos hábitos. Sabemos que la salud es fundamental, tal vez la base de todo, sin salud no se puede hacer ni tener absolutamente nada que valga la pena, por tanto, un buen comienzo será , iniciar cualquier proceso de cambio creando buenos hábitos en lo que respecta a la salud.

Ejercitarse todos los días por lo menos treinta minutos por la mañana es la mejor inversión que cualquier persona pudiera hacer en beneficio propio. Luego de creado y practicado regularmente en ninguna circunstancia tendrá un efecto negativo, todo lo contrario, gracias a ese hábito, podrá tener mejor disposición para enfrentar algunos problemas de salud que pudieran presentarse.

Estar consciente, focalizando toda la atención en el acto mismo de ingerir los alimentos constituye otro hábito positivo que podría proporcionar muchos beneficios a lo largo de la vida. Nuevamente, nuestro recordado condicionamiento del pensamiento nos invita a efectuar una precisión con relación a un tema tan importante.

Hoy en día, en la creencia de que la vida es así, millones de personas ingieren sus alimentos prácticamente caminando, es decir, ese pensamiento los condiciona de tal forma que afirman no tener tiempo para hacerlo de otra forma. (Sin embargo, utilizan un promedio de cuatro horas diarias para ver televisión).

A la hora de comer, por lo general se concentran en cualquier otra cosa menos en lo que están ingiriendo, tragan sin masticar apropiadamente los alimentos con lo que inconscientemente contribuyen con una serie de trastornos digestivos que al final de cuentas le cobrará la factura. Crear el hábito del buen comer no solamente contribuirá directamente con su estima personal sino que fundamentalmente ayudará a mejorar una serie de situaciones de beneficio individual.

Apaga o deja de ver cualquier aparato de televisor, computadora, teléfono o cualquier otro dispositivo que te distraiga. Igualmente olvídate de los periódicos, revistas y

cualquier material de lectura ya que lo único que conseguirás será distraerte de ese acto sublime de la alimentación. Concentrarte en lo que acabas de llevarte a la boca, saborear, degustar, masticar apropiadamente (30 veces por lo menos, antes de pasar) para que la sa liva haga su trabajo correctamente en la formación del bolo alimenticio, gratificará grandemente tu disposición. Acostumbrarse a ingerir algo caliente después de cada comida será de muchísima ayuda.
¿Qué haces para mejorar ?

Imaginamos que habrás pensado hacer muchas cosas pero en realidad, ¿cuántas de las que pensaste la has puesto en práctica? Normalm ente eso es lo que ha pasado y seguirá pasando en tu vida, si es que en definitiva no tomas la decisión de efectivamente realizar una acción que te lleve a ese cambio. La vida es un nacer y morir eterno, donde constantemente estamos renovándonos.

Atrévete a construir una cadena interminable de hábitos positivos, pero recuerda, comienza únicamente con uno. Tan pronto como éste ya se haya arraigado profundamente en tu vida, puedes comenzar con el segundo y así sucesivamente. Piensa que cada año podrías incor porar quince hábitos positivos a tu vida. ¿Habría mejor forma de reconstruirse uno (a) mismo (a)?

El condicionamiento del pensamiento por lo general lleva al individuo a observar con facilidad pero descuidadamente qué hacen los otros, distrayendo su atención para no pensar en lo que él mismo hace, de ésta forma el mal hábito de opinar sobre los demás, se convierte en una rutina diaria. Habría que comprender claramente que no se puede hacer absolutamente nada para mejorar a los demás, si primero no empieza mejorando uno mismo, de esta forma si es posible un cambio verdadero.

Mejora tú, así ayudarás a otros a mejorar. Preparándote y reconstruyéndote tendrás más posibilidades de encontrar una pareja con valores y convicciones semejantes a los tuyos, capaz de crear junto contigo el cuerpo invisible del amor. Una relación fundada bajo ésos principios, sin duda tendrá el beneficio de mejor ar los valores familiares, consecuentemente la sociedad se verá fortalecida con personas formadas con ésa materia.

¿Qué haces para mejorar? Sigue siendo la insistente pregunta que no deja de replicar, sencillamente porque es mucho lo que se puede hacer, pero es tan poco lo que en realidad se hace que no escatimamos ningún esfuerzo en hacerlo recordar de forma reiterativa. Anteriormente dijimos que la gente vive agitada en las diferentes sociedades, cada quien enfrascada en su mundo, muchas veces creado y alimentado por la misma persona pero, sin remotamente sospechar ésta de la autoría de su creación.

Para comprender mejor un poco esto, creo que valdría bien la pena volver a preguntar. ¿Qué hacer para mejorar? Simple. Se tú mismo (a), así de simple. No debes mejorar eso! Simplemente déjate SER, pero sin ser aquel ni aquella que crees ser o te han hecho creer que eres! Ese o ésa, No! Se tú mismo (a) sin maquillaje, sin adornos, sin banalidades, conscientemente se tú.

En la práctica de ese sentirse mejor cada vez ¿te imagin as el bagaje de conocimiento que podrías adquirir gratis? Solamente con interesarte en una conversación constructiva con tantísimas personas de diferentes países del mundo que viven y trabajan en el mismo ambiente donde te desarrollas pero que inconscientemente ignoras.

¿Llegas a comprender o visualizar la idea o el concepto de que cada ser humano es una enciclopedia andante? ¿Te das cuenta de todo lo que podrías aprender acerca de las culturas y costumbres de otros seres humanos como tú? O tal vez crees estúpidamente como algunos que eres el único o el mejor? NO!

La vida te enseña que puedes y debes de aprender de todos, del tonto, del loco, del ignorante, del arrogante, del vanidoso, del que cree que todo lo sabe y del que no también, del honesto, del consecuente, del modesto, de todos, sin excepción, porque siempre te transmitirán algo, la idea es que estés re ceptivo para captar el mensaje.

No pierdas el tiempo tratando de corregir a alguien lo que tú crees es incorrecto, corrige tú, ése es tu único objetivo, deja que el resto aprenda o se corrija por sí mismo. Tú sabes lo que yo no sé y yo sé lo que tú no sabes, lo importante es comprender que tanto el que enseña, como el enseñado, hacen posible la enseñanza!

10

¿Cómo está tu comunicación?

Éste es un elemento fundam ental en la convivencia de los seres humanos. Podemos afirmar que es uno de los más importantes, si no es el más relevante en la vida de la humanidad. Desafortunadamente, como consecuencia directa de la desatención en el conocimiento y práctica, se posterga y peor todavía, trastoca irresponsablemente a sabiendas de su extremada importancia en la vida de las personas y el desarrollo de los pueblos.

Pareciera que la ceguera colectiva ignorase con intención punible que la información representa la base fundamental de la comunicación en todas sus formas y que ésta se convierte en sustento del conocimiento el cual constituye la vacuna natural contra toda ignorancia. Es por medio de la comunicación que se establece la coherencia o incoherencia entre las partes que luego permite la instalación o manifestación de los otros componentes que hacen viable la interacción humana en sus diferentes formas y grados.

Desde que se creó el mundo y desde el origen del hombre, la comunicación ha estado y estará presente en sus diversas manifestaciones. La evolución científica, así como la evolución natural del ser hum ano, nos lleva sin equivocación a la conclusión indubitable que toda forma de vida se comunica entre si individual y colectivamente. Somos parte de un todo y ese todo es parte de nosotros mismos, por tanto, estamos naturalmente obligados a conocer y practicar las distintas formas de comunicación habidas y por haber. Solo así, puede ser posible poner en práctica el mensaje divino de "Solo la verdad os hará libres"

Incuestionablemente, mientras se siga sumido en la ignorancia, difícilmente se podrá ver y comprender la realidad existente. Se podrá ver y comprender la realidad que la misma persona se forma o se crea, auxiliada y respaldada muchas veces por la cultura colectiva de los pueblos maltratados y envenenados hasta la cepa de sus costumbres. La verdad que hace libre al ser humano es aquella que libera las mentes oprimidas por el miedo el oscurantismo y la inacción.

En toda comunicación hay tres elementos fundamentales e imprescindibles para que ésta pueda materializar la comunicación o la acción propia de comunicar o comunicarse. Un comunicador o transmisor, un mensaje o contenido y un receptor o destinatario. Concurriendo estos tres elementos indispensables, toda comunicación es posible. Generalmente, los seres humanos fácilmente son susceptibles de caer en estados indeseados, los cuales están primordialmente r evestidos emocionalmente de circunstancias y situaciones que tienen que ver directa o indirectamente con la falta o deficiente comunicación que pueda desarrollarse en determ inado momento.

El ser humano es un comunicador por naturaleza y por excelencia. El problema surge, se manifiesta y se agrava, cuando éste desconoce su esencia y claro, eso sucede como consecuencia directa de la inconsistente información que ha recibido a lo largo de su vida, creyéndose él o ella que simplemente no sabe ni puede comunicar.

En la primera etapa de la vida, los niños, con su inteligencia natural con la cual llegan al mundo, comunican abierta e inteligentemente todo cuanto ellos desean, precisamente ahí es donde surge y se presenta la gran contaminación que sufrirá de manos precisamente de quienes lo trajeron al mundo ya que estos, por ignorancia, más que por otra razón, comenzarán a establecer los principales códigos de comunicación con el recién nacido que a ese punto, desconoce dónde está y que está haciendo. Lo único que sabe inconscientemente es que es un ser perfecto que acaba de nacer y como tal ya puede comunicarse. ¿Cómo lo hace? Bien, recuerda u observa cómo se inicia este proceso en esa etapa y luego observa tu realidad y extracta tus propias conclusiones.

El niño o niña recién nacido, no sabe hablar, desconoce el idioma de sus padres y ni tiene idea de su entorno, al final, en realidad no le interesa ya que con su inteligencia natural, logrará comunicarse de todas formas. ¿Cómo lo hace? Pues bien, cuando los padres o quienes hacen las veces de estos permiten que el recién nacido establezca su código de comunicación, habrán cedido sin proponérselo por supuesto a que estos comiencen a dirigir la comunicación, es decir, si el niño (a) llora sabrá automáticamente que el llanto constituye el código fundamental de su mensaje y así de manera subliminal y tierna, comenzará a practicar su inteligencia natural, haciendo o pretendiendo hacer lo que durante esa etapa le permitan hacer.

El Ego, nace con el recién nacido pero se ejercita, nutre y desarrolla en la medida que sus progenitores y/o el entor no en el cual se desarrolla así lo facilitan. Si los recién nacidos, son alimentados adecuadamente en las horas que se establezcan o les corresponda, no tendrían por qué llorar. Si son atendidos en los momentos precisos con sus necesidades fisiológicas, de igual forma no tendrían razón por qué llorar. Éstos lo hacen, cada vez que desean transmitir algo es decir, si tienen hambre, están sucios, tienen calor, desean voltearse, tienen algún gas, molestia, dolor, etc., simplemente utilizaran el único mecanismo que su inteligencia natural les dice que funciona. El llanto!

Es así como los niños (as) que no son apropiadamente guiados comienzan a manipular a sus padres y su entorno en todo lo que ellos, independientemente eligen. Aquí también aparece el famoso condicionamiento que luego se convertirá en el moldeador de la vida de ese infante. Los códigos que en este caso establecerán los padres o guías para desarrollar esa comunicación que así comienzan a confundirse.

La interrogante es ¿de dónde vienen esas guías que utilizan los padres? Obviamente en su gran mayoría, son las mismas, con algunas variantes, de aquellas que utilizaron con ellos en sus respectivas etapas. Se establece entonces la condición de "bueno (a) y malo (a), las dos palabritas que se convertirán en el credo de esos niños (as). Si aceptas y haces lo que te digo o decimos eres un (a) "buen" (a) chico (a); si no lo haces, eres malo (a).

Comienzan los mensajes distorsionados y dañinos que enturbiarán la mente fresca y sana de ese recién nacido el cual irá alimentándose de toda esa cultura colectiva que a la larga significará su bagaje cultural y hereditario, del cual provendrán básicamente sus distraídos paradigmas de vida. Luego de esa lucha natural entre el sano e indefenso recién llegado y el adulto contaminado, los meses y años iniciales darán al iniciado en la vida, un control aparente en esa comunicación inicial.

Luego de esta etapa y en la transición a cierto grado de independencia con la formación pre-escolar el niño (a) comenzará a tropezar con nuevas r esistencias que irán moldeando su temple. Competirá ahora con otros diminutos egos al igual que el suyo, pero todos ellos con la misma intención de controlar la situación. Aquí es donde nuevamente la comunicación tendrá un papel determinante en el talante del nuevo ser. Los nuevos códigos conectarán a unos con otros haciendo que la decodificación de los mensajes marquen los patrones de conducta. El niño (a) con mejor o mayor capacidad para comunicar comenzará a ejercer influencia sobre sus congéneres caracterizándose más frecuentemente en la guía o decisiones de la clase.

La importancia de la comunicación radica en el hecho de que a través de la reciprocidad de mensajes, opiniones, sentimientos, emociones y cualquier otro tipo de comunicación corporal, muda, hablada, escrita o con señales o códigos, el funcionamiento de las sociedades humanas se hace posible, gracias a esta interacción. ¿Qué importante es para ti saber cómo está tu comunicación entonces? Bien, esa respuesta la debes de tener tú.

Siguiendo la misma secuencia en la etapa de la adolescencia por ejemplo es común observar como frecuentemente se producen encuentros y desencuentros como consecuencia precisamente de esa falta de comunicación o sencillamente una imperfecta relación entre las partes. Los jóvenes se sienten incomprendidos, confusos, desorientados y frustrados, mientras que los padres experimentan una suerte de impotencia y una permanente interrogación sin respuesta, repitiéndose por lo general, ¿dónde fallé? ¿Qué hice mal?

Lo primero es no recordar que en su momento igualmente fue un adolescente, de manera que partiendo de esa premisa, sería mucho más simple comprender a la otra parte, si se comienza de la posición o el enfoque de la posición contraria, luego, lo naturalmente importante es no comprender ni caer en la cuenta de que lo que está produciendo el hundimiento de la relación es la comunicación. Si el mensaje no está llegando claramente, quiere decir que el transmisor está en una fr ecuencia distinta a la del receptor o el receptor tiene bloqueado o alterado algún conducto de recepción. Si el mensaje es claro y sencillo como debería de serlo, la idea siempre será verificar y corregir al mensajero, pero nunca suprimir el mensaje!

Como seres humanos contaminados por el condicionamiento del pensamiento y otras nocivas situaciones que afectan la perfección del individuo debemos tener claramente entendido que podemos y de hecho erramos en muchas acciones durante el desarrollo de la vida, pero de la misma forma se debe comprender que si el objetivo fundamental es hacer siempre lo mejor, habría que revisar las veces que fuera necesario la comunicación que estamos efectuando.

El idioma o el lenguaje es una parte de la comunicación, pero no es la comunicación en sí, de manera que para entender bien esto, hay que comprender que en toda buena comunicación necesariamente hay dos partes fundamentales, una que transmite y la otra que recibe.

Para que la comunicación sea efectiva, necesariamente debe existir la buena voluntad de comunicarse, es decir, la comunicación es entre dos partes, ambas partes deben tener la disposición de querer ser receptivos a lo que se pretende comunicar, de lo contrario no sería posible ninguna comunicación.

Si tu lengua original no es el inglés , sino el Castellano, pero estás tratando de comunicarte con una persona que solamente habla inglés , puede y de hecho habrá una excelente comunicación si ambas partes expresan con el lenguaje mudo la buena voluntad y deseo de comunicarse, entonces, una de las partes transmitirá el mensaje que podrá o no llegar a ser decodificado por el receptor pero, la esencia del mensaje, definitivamente ha sido transmitido y re cibido de manera perfecta, aun cuando se ignore literalmente el contenido del mensaje.

Eso es lo que es la esencia de la comunicación. Los seres humanos podemos comunicarnos sin palabras. Podemos hacerlo con el lenguaje mudo de la buena voluntad. Podemos hacerlo con el lenguaje corporal que transmite la esencia de nuestro ser que no necesita hablar para expresarse, ni necesita escribir para hacerse sentir. Es la energía que emana de nuestro ser interior la que hace posible cualquier tipo de com unicación.

La mala costumbre y los hábitos negativos heredados hacen casi siempre que se pretenda desarrollar o mantener una conversación sin escuchar al interlocutor; es fácil comprobar como casi siempre una de las partes está hablando y la otra que aparentemente escucha, ni siquiera presta atención a lo que decía la otra y responde sin haber captado bien la idea del mensaje.

Para aprender hablar, hay que saber aprender a escuchar y para aprender a conversar, hay que aprender a escuchar y para aprender a escuchar, hay que aprender a callar! La comunicación cada vez es más deficiente por cuanto no se escucha, se habla sin parar y cuando aparentemente se escucha solamente se hace para refutar sin pensar.

¿Qué sucede en la etapa donde los jóvenes comienzan a conocer la vida en for ma práctica? ¿Existe una verdadera comunicación entre los jóvenes? Si eres un joven, aprovecha y responde esta pregunta con honestidad. Si estás en otra etapa de la vida, re cuerda brevemente algunos pasajes de aquélla época inolvidable. ¿Cómo era tu comunicación con tus congéneres? ¿Observas?

Pues bien, eso es lo que generalmente sucede en esa etapa del romanticismo natural de las personas. Siempre los códigos van a estar sujetos a los antecedentes con los cuales se efectúan las codificaciones. La comunicación en esa etapa importante de la vida de las personas ¿es honesta y transparente? ¿Realmente se comunica todo lo que se debería comunicar?

Si se producen desencuentros, infidelidades y cualquier otra situación que generalmente es común en esa etapa de la vida, ¿qué es lo que origina en realidad todas esas situaciones? ¿Será tal vez la falta de comunicación, la escasa o mala comunicación imperante?

Desafortunadamente se ignora, no se ve ni se entiende y menos comprende. ¿Qué sucede luego en el matrimonio o las relaciones afectivas? ¿Cómo es la comunicación en esas circunstancias? ¿Realmente comunicas? En verdad recibes apropiadamente los mensajes? ¿Cómo está la comunicación en tus relaciones íntimas? ¿Sabe tu pareja lo que te gusta y lo que no te gusta? Se lo has dicho? ¿Qué estás esperando? ¿Qué lo adivine? Si no te gusta su forma de comer ni cómo utiliza los utensilios ¿por qué no se lo dices? Si te gusta que te agarre de tal o cual forma ¿por qué no se lo haces conocer? Si te gusta que te haga eso o aquello ¿por qué no se lo dices? ¿Es tu pareja o no? ¿Tienes confianza o no? Le amas o no? Entonces ¿por qué no lo haces?

Típicamente cuando sucede alguna desavenencia o discrepancia entre la pareja, se enfadan, se molestan, dejan de hablarse o lo que es peor, comienzan a dañarse atacando uno al otro y el que está siendo más agresivo, piensa equivocadamente que es el más lastimado de los dos! ¿Por qué sucede eso? Exactamente! Mala comunicación, el ego nuevamente hace de las suyas y la persona se cree con un derecho inexistente, arg umentando que alguien, generalmente su pareja, es quien debe de "pedirle perdón". Lo irrisorio del asunto es que así sucede muchas veces gracias al juego del condicionamiento del pensamiento con la complicidad del gigante de las tramas y falsedades, el ego.

Hemos dicho que la comunicación es fundamental en el accionar del ser humano, por lo que resulta incomprensible ver como en muchísimos casos se ignora o minimiza su importancia, adjudicando a otros factores las causas de situaciones indeseadas. En el trabajo y las relaciones sociales es común ver a las personas actuar ignorando estos principios fundamentales. Se crean situaciones innecesarias que consumen la energía de los involucrados simplemente por una falta o deficiente comunicación.

Cual libreto de drama popular, se traman enredos y situaciones inventadas con el único interés de dañar o crear malestar, ignorando que esas acciones por lo general siempre van a revertir en contra de quien las genere, propicie o alimente, aunque para esto tenga que pasar mucho tiempo y muchos de los protagonistas incluso hayan salido del reparto.

Cuando planteamos la interrogante de ¿cómo está tu comunicación? lo hacemos con la intención de que seas tú quien observe y revise con cuidado cada una de tus respuestas. Al hablar de comunicación, nos estamos refiriendo en general a todo tipo de comunicación. ¿Cómo está tu comunicación personal contigo mismo (a) ¿Cómo está tu comunicación con tus hijos si los tienes? ¿Con tu esposa (o)? ¿Con tu novia (o)? ¿Con tu pareja? ¿Con tus padres? ¿Con tus hermanos y demás familiares? ¿Con tus amigas (os)? ¿Con tus compañeros (as) de trabajo? ¿Cómo está tu comunicación con Dios, si es que crees que existe? ¿Cómo está tu comunicación espiritual con los que ya no están físicamente?

Cada una de esas respuestas te dará una pauta concreta acerca de tus convicciones sobre esas interrogantes y en definitiva te ayudará a comprender mejor, la importancia de la comunicación en cada una de las acciones de tu vida.

11

Amar, querer ¿Observas la diferencia?

Así como deberíamos apre nder de los niños, de la misma forma tendríamos que evitar que estos dejen de serlo durante el tiempo que les corresponda. Teniendo eso en mente, se comprendería mejor que las etapas en la vida de las personas son marcadamente importantes especialmente la primera, donde se moldea y almacena lo que serán las siguientes. En ese sentido, la pregunta es muy simple ¿observas alguna diferencia entre Amar y Querer? o ¿tal vez piensas que es lo mismo y que no hay ninguna diferencia? Si no has observado esto antes, ni te formulaste ésta interrogante, pues ahora es un buen momento para que lo hagas. No tengas ningún temor en buscar una respuesta. La única forma como te darás cuenta lo que hay en ti será escudriñando tu interior, una vez convencido (a) de que ésa es tú respuesta o convicción, adelante!

Concentra tus recuerdos más antiguos, regresando a tu niñez; ¿cómo te decían tus padres, hermanos, amigos, familiares? ¿Lo recuerdas? ¿Te amo o te quiero? Lo más probable es que te hayan dicho "Te quiero", si es que lo hicieron alguna vez, ¿verdad? y ¿cómo les decías tú a ellos? Recuerda, hazlo! Lo más probable igualmente es que si dijiste algo, hayas utilizado la expresión, "Te quiero", por ser la más común y por ser probablemente la que te "ensenaron ellos mismos".

Ahora, adelanta un poco más tus recuerdos y piensa en tus profesores, consejeros espirituales, compañeros de trabajo, la o las personas que tuvieron o tienen una relación afectiva o sentimental contigo; te dijeron o te dicen te quiero o te amo y tú ¿cómo sueles decirles? Es probable que lo mismo ¿verdad? Por lo general "Te quiero" si? y por ahí un "Te Amo" de vez en cuando, correcto? La idea es que vayas observando todo esto, sin críticas, ni juzgamientos, únicamente observación pura, para obtener un mejor provecho. Eventualmente te pueden o puedes haber dicho "Te Amo" pero el asunto es que casi siempre, se utiliza el "te quiero" como sinónimo de "Te Amo".

El objetivo es que compruebes que tal, conceptualmente hablando no es ni remotamente cercano uno del otro. Sin embargo, la inconsciencia y el mal uso que se hace de algo tan simple pero, profundo, conlleva a que el condicionamiento de la mente haga pensar y/o creer que ambas expresiones significan lo mismo. Querer es un verbo que expresa la presencia de una emoción. Implica deseo, posesión e interés. Genera expectativa, está condicionado y carece de libertad.

Amar igualmente es un verbo pero, manifiesta un conjunto de sentimientos expresados a través del Amor, es consustancial al ser humano y no implica posesión ni genera expectativa, mucho menos interés, goza de libertad propia, es desinteresado y no está condicionado a las formas, está implícito en todas ellas. El Amor no tiene contrario.

Los seres humanos nacemos iguales, libres y con el derecho inalienable de Amar y ser amados, de dar y recibir, de vivir en libertad, haciendo uso del libre albedrío poniendo en práctica nuestras capacidades y responsabilidades para aprender a compartir. Hablando de observar o no, es preciso entonces reiterar la pregunta: ¿Percibes alguna diferencia entre amar y querer?

En el mundo que vivimos el cual está dominado por los nombres, las formas y el tiempo indudablemente el querer es la base del condicionamiento de la mente. Para no perder esa identidad con las formas, el querer resulta más práctico y natural. El querer es una emoción que influye la conducta en respuesta a la fijación que se tenga de algo o de alguien.

El Amar es mucho más profundo. Es espiritual, parte de tu propia identificación y proviene del SER. No se puede amar lo que no se siente. Para Amar hay que amarse, sentirse, sin preguntarse. El Amor y el Amar están exentos de condicionamientos, son libres, son genuinos emergen y son inagotables. Se for talece cuando se da, nutriéndose cada vez que se siente. El Amar se da sin preguntar y perdona sin reparar a quién o qué se perdona.

En el querer o el ser querido(a) quien se satisface es el Ego. En el Amar o el ser Amado(a) quien se regocija es el SER. ¿Qué piensas al respecto? En la actualidad, como le dices a tus padres, hijos (as), esposa (o), novio (a), hermano (a), amigo (a) ¿Observas la diferencia?¿Por qué repetir lo mismo y lo mismo sin pensar en lo que se dice o lo que se quiere decir?

Normalmente conoces a un hombre o a una mujer y ¿qué suele suceder? No sabes nada de la persona, no la conoces realmente pero, ya le estás diciendo o te están diciendo "te quiero" o lo que es m ás grosero inclusive "Te mo!" cabas de conocerlo (a) en la discoteca y te quiere o le amas?

Realmente es una ridiculez pero, ¿crees que eso es así? Te das cuenta ¿Cómo está condicionada la mente? observas la gran contaminación existente y de la cual desafortunadamente no estamos exentos (as)? Si actúas con negligencia fácilmente serás víctima del engaño e inevitablemente caerás inconscientemente en tu propia confusión tarde o temprano. ¿Cómo está eso?

Observa tú mismo (a) lo dicho anteriormente para que te des cuenta. Si acabas de conocer a la otra persona o viceversa y se expresa: "Te quiero", en realidad ¿qué e s lo que está o está tratando de decir? Te quiero pero.... ¿qué o para qué te quiero? Estoy seguro que lo sabes, así como lo sabemos todos Detrás de "ese te quiero" está subyacente el "deseo" implícito de algo Hay un "interés" que no se puede negar; sin embargo, se oculta y maquilla consciente o inconscientemente por alguna de las partes o las dos, sin que esto quiera decir que se dejó de sentir u observar pero, se prefiere ignorar porque es lo que se escoge hacer.

El que lo dice, lo menciona de manera disfrazada pero "normal", el cinismo al par ecer es una norma de conducta habitual de las personas ya que quien lo escucha percibe la falsedad en la expresión pero igual, la acepta, porque su ego se siente bien, creyéndose "querido o querida".

En el fondo, la mayoría se engaña, sin aceptar su propio engaño. Por lo general, quien lo dice no revela el interés que le motiva a decir tal expresión y el que escucha, siente que se engaña, pero le complace escuchar o entender lo que su Ego quiere escuchar o sentir. ¿Qué pasa entonces?

Pues nada, todo es parte de esa ilusión y condicionamiento de la mente. El Ego es quien domina, quien se alimenta de las formas, no hacerlo equivaldría a perder su identidad. Lo

que significaría su muerte!
¿Quieres comprobarlo? Hazlo! Ponlo en práctica! La gente dice y escucha lo que le gusta o quiere escuchar a pesar de sentir la incongruencia en las acciones igual las acepta.

Todos podemos querer algo en algún momento de la vida y de hecho así lo hacemos pero, ¿qué hay con el Amar? ¿Realmente aprendemos hacerlo? Muchos creen que sí pero en realidad lo que ha sucedido es que han querido o quieren, pero siguen confundidos al creer que han amado o están amando.

Indudablemente existe la capacidad para que cualquier ser humano pueda Amar y ser Amado, es más, es un derecho natural. La realización del ser humano es precisamente ésa, llegar a amar , dar y recibir amor, recargando así permanentemente la única energía que libera y transforma lo imposible. Solo hay que reconocer su existencia en el interior, activarla y permitir que se desarrolle y manifieste en todas sus formas.

Lo triste es que millones de personas se van, sin haberlo descubierto, gozado o experimentado. Se puede querer y de hecho todos queremos algo en algún momento de la vida. Ese querer generalmente es temporal, por cuanto una vez satisfecho el deseo, lo que se quiso deja de quererse y si bien es cierto ese querer puede durar, de todas formas llegará el momento en que no se quiera más!

Las personas quieren satisfacer sus intereses subyacentes para no dejar de identificarse con las formas, el no hacerlo destruiría la identidad del falso YO que es el ego. El ego se alimenta de la negatividad, de m anera que nada que no contenga alguna dosis de ese elemento le sirve ni le interesa. Quiere hasta conseguir, luego de alcanzar o lograr lo querido o deseado vuelve a comenzar en el círculo interminable de la ilusión.

El querer es temporal, efímero, pasajero. El querer comer porque se tiene hambre y comer hasta saciarse, demuestra objetivamente que una vez satisfecho ese deseo o necesidad ya no se puede comer más, por más que se siga queriendo. Por otro lado, no se desea comer lo mismo en todo momento; de manera que el "querer" visto desde ésa perspectiva es sin dudas pasajero.

El Amar es intemporal, nace del SER, de tu interior, no se vale de las formas, porque es la forma misma. El Amor, que es la esencia del verbo, brota, no se contiene, se da, se entrega, no se mide, no se pide, se recibe, se siente, te llena, te complace, no se hace, existe, no muere, es eterno, es como el aire, el sol, no se ve, pero se siente, se sabe que existe sin preguntar ni entender nada, solamente está porque está como la nada, el espacio, el tiempo, el silencio, presente en todo, únicamente hay que saber ver, escuchar, sentir o dejar que sea, ya que es y seguirá siendo incluso cuando no llegues a conocerlo. No hay que confundir entonces, querer con Amar. De manera que cuando vuelvas a escuchar esa expresión tan prostituida como "Hacer el amor", piensa dos veces, antes de repetirla o aceptarla.

¿Crees que se puede hacer el amor? Si se pudiera hacer el amor, pues todos, deberíamos aprender hacer "mucho amor" de tal forma que eso sería lo que menos faltaría en el mundo ya que sobraría amor por todas partes, hasta para exportar, regalar y donar a todos quienes lo necesitarían. La realidad es todo lo contrario, lo que más falta hace en el mundo entero es Amor, existe una carencia absoluta de él, sino, verifica tú mismo(a).

Lo que se tiene o se hace es sexo que es totalmente diferente. El sexo es fisiológico, el Amor es espiritual. Pero errada y equivocadamente se mal usa el término, diciendo y creyendo que se "hace el amor". Por lo general se hace o se tiene inconscientemente sexo de manera instintiva, sin pensar, sin sentir otra cosa que no sea ganas.

Indudablemente hay millones de personas que hacen o tienen sexo con una dosis de Amor.
Desafortunadamente ésa no es la realidad en la mayoría de

los casos, de ahí el altísimo porcentaje de nuevos seres que vienen al mundo totalmente indeseados ¿cierto?
Lo crees así?

Es entendible y comprensible las diferentes posiciones que pudieran existir al respecto, sin embargo es necesario reiterar que este libro no tiene la mínima intención de llevar al lector a ningún otro terreno que no sea del discernimiento personal en busca de sus propias respuestas.

12

Perdonar, ¿A quién?

Hemos visto hasta ahora como el condicionamiento del pensamiento puede afectar en forma perjudicial la mente de las personas sin que éstas caigan en la cuenta del peligro de lo que esto representa ¿verdad? Observemos ahora la palabra perdón y traslademosla al contexto de la vida personal para ver si juega algún papel durante el desarrollo de tu existencia. Cuando se habla de perdón, generalmente no se llega a comprender bien su significado y menos la implicancia que éste tiene o tendrá a lo largo de la vida de quien lo sufre, necesita u otorga.

¿Qué es el perdón o que se entiende por perdón? Esa es la pregunta obligada. La academia de la lengua española señala que las palabras perdón y perdonar, derivan del prefijo latino "per" que significa "pasar, cruzar, adelante, por encima de" y del verbo latino "donare" que significa "donar, donación, regalo", con lo cual entenderíamos que es una acción de regalar. Sin embargo en la práctica esto se suele entender como olvido o la acción de "olvidar". Independientemente de su significado, lo real y concreto es que evidentemente implica una acción por parte de alguien.

Hagamos algunas interrogantes adicionales para comprender mejor la idea. Todas las personas ¿tienen capacidad para amar? Todas las personas ¿aman o son amadas? Todas las personas ¿conocen el perdón? Todas las personas ¿perdonan o han sido perdonadas? ¿Cuáles son tus respuestas a esas interrogantes? En cuanto a que si todas las personas tienen capacidad para amar, sin duda creemos que sí, es más, estamos convencidos que la realización plena del ser humano, consiste precisamente en la consumación de este sentimiento.

Sin embargo, la vida con su cruda realidad nos muestra que un reducido número de personas llegan verdaderamente amar y/o ser amadas, considerando el gran número de seres humanos que habitamos el planeta. La mayoría, como lo hemos mencionado anteriormente, confunde el amar con el querer y viceversa, por lo que resulta evidente que un gran porcentaje abandona su existencia física sin haberlo experimentado.

¿Qué sucede entonces con el perdón? Pues obviamente creemos que sucede casi lo mismo pero, con el agravante de que esto de perdonar, al parecer resulta mucho más difícil y complejo, por lo que los porcentajes son o serían muy desalentadores si en realidad pudieran ser evaluados. Así como hemos señalado anteriormente que el amor es intrínseco al ser humano, desafor tunadamente, gracias al condicionamiento del pensamiento se llega a desconocer la esencia misma de la persona, por lo que le cuesta cre er o asimilar a ésta que las células de ese sentimiento están en su interior y solamente necesitan ser activadas para que empiece a fluir eso que es el amor! Nadie puede dar lo que no tiene, de manera que si esas células no se encuentran activadas, existe la creencia de que no hay amor, por lo tanto qué se puede dar si no sale nada de adentro?

El amor no está fuera, en alg ún lugar, cosa ni persona. El amor se encuentra dentro de uno (a) mismo (a). Solamente hay que ser conscientes de él para que empiece a manar de la fuente infinita que está conectada a la persona por medio de la energía con la que se nace y se muere. Imagínate un pozo de agua. Si introduces un cubo en el pozo, al extraerlo ¿qué sacaras de su interior ? agua, indudablemente!

Metafóricamente hablando, los seres humanos somos como un pozo de agua viva, donde existe una fuente inagotable de agua en su interior. Algunos pozos tienen o dan la apariencia de estar secos pero, en el caso de los seres humanos ésa sequedad únicamente puede ser el reflejo de pensamientos atormentados que desgastan la mente. Si las ideas, son remplazadas con pensamientos positivos, las células de vida se activan inmediatamente en su interior haciendo que fluya ésa agua natural que es fuente de vida y que se llama amor.

Volviendo al tema entonces, ¿a quién hay que perdonar? Es ahí donde surge la tremenda confusión que lleva a las personas a perderse en el camino del resentimiento y la inacción. Se cree, porque así es la tendencia, de que en alguna etapa de la vida se ha sido víctima de algo o de alguien, los pensamientos acumulados con el tiempo, le llevan a esa conclusión tormentosa. Se llega a profundizar tanto en el asunto que en la mayoría de los casos, resulta difícil poder sacar del subconsciente ésa carga nociva, la cual sin dudas generará un resultado equivalente.

En el hipotético caso de que fuera real que la persona hubiera sido víctima de algo o de alguien, si se entendiera en verdad el significado de las palabras vertidas por Jesucristo hace más de dos mil años, se comprendería mejor lo que dijo: "No resistáis al que es malo, antes a cualquiera que te hiera la mejilla derecha, vuelve también la otra". Estaba hablando de la "no resistencia" indicando que a las personas, como a las cosas, no hay que ponerles oposición, hay que dejarlas ser, para pre cisamente evitar la acumulación de ésa energ ía negativa que genera la propia fuerza resultante.

Eso, de ninguna manera representa debilidad, por el contrario, denota dominio, control, entrega total. Simboliza rendirse en la fe y convicción de la abnegación, sin fuerza; en otr as palabras, es abandonarse voluntariamente a lo que es, para que sea lo que tiene que ser. Nada ni nadie puede violar o dañar tu libertad interior a menos que tú mismo (a) así lo decidas.

Cuando se piensa y se cree por el condicionamiento del pensamiento que alguien o algo te ha dañado, ofendido o traicionado, se está cayendo en el juego de las palabras y las falsedades del ego ya que si entiendes y comprendes bien, nada ni nadie puede lastimarte, dañarte, ofenderte o traicionarte; la única persona capaz de hacerlo serias tú. Podrán hacerlo físicamente, pero jamás podrán atentar contra tu verdadero SER, ni contra tu libertad interior, a menos que tú mismo (a) seas quien lo consienta. Entonces, si de perdonar se trata, lo primero que habría que hacer es entender y definir ¿a quién se tendría que perdonar en primer lugar?.

Asimilado eso, hay que comprender que para poder perdonar resulta necesario tener capacidad para poder ejercer o dar el perdón. Habiendo capacidad para perdonar luego, hay que inferir que quien otorg a el perdón, primero debe existir para que pueda ejercer el perdón por tanto, en cualquier caso, el perdón tendrá que comenzar con uno (a) mismo (a), ya que sería imposible per donar, si primero no se perdona el que pretende perdonar ! Perdonado el ente perdonador, resultaría innecesario perdonar, toda vez que conocido el perdón, se libera lo que había de perdonarse, por tanto, si no hay nada que perdonar ¿por qué se sigue acumulando dolor? Simple! En la práctica, nunca se perdonó!

Suena como un juego de palabras pero, en realidad no lo es! Lo que sucede es que para los seres humanos, resulta mucho más fácil agregarle un poco de drama a toda situación, para experimentar eso que a muchos les gusta y pocos rechazan, sencillamente porque la victimización es algo que tal vez no guste, pero en la práctica parece ser que no molesta.

Generalmente, cuando se habla o se piensa en el perdón, se tiene la creencia equivocada que quien va a ejercer la acción de perdonar está haciendo o va a realizar algo "especial" que favorecerá a quien supuestamente recibe o recibirá esa "gracia", lo cual dista mucho de lo que en realidad es o sucede ya que el que va a perdonar, no puede hacerlo si previamente no se perdona a si mismo (a), con lo cual no tendría nada y a nadie que perdonar, siendo él o ella la única persona beneficiada si en verdad se produjo algún perdón.

En la práctica es muy común acumular dolor, por lo que se sufre constantemente a causa de hechos o situaciones que generan energía negativa la cual, se acumula peligrosamente en tu interior, generando cada vez más dolor. ¿Hasta cuándo? Hasta que el ser humano comprenda que gracias al condicionamiento de los pensamientos se alimenta negativamente de todo aquello que daña no solamente su cuerpo físico, sino también que va minando sus intereses más puros.

Se vive equivocadamente "perdonando" o pidiendo perdón, sin comprender que todo aquello que se "perdona o se pide perdonar" solo está en la mente condicionada que impide observar con claridad el grado de contaminación que se posee ya que en todo caso, lo único que se tendría que perdonar, sería la propia ignorancia.

Sin embargo, un gran número de personas, nacen y crecen sintiéndose víctimas de las circunstancias o del entorno en el que se desarrollaron. Crecen almacenando pensamientos negativos que atribuyen a los padres, hermanos, familiares, amigos y a la sociedad en general, otorgándoles algún grado de responsabilidad por lo que son o están viviendo.

El cuerpo del dolor, acumula toda ésa negatividad y coloca a la persona en la búsqueda del camino del perdón para liberarse de ello. En muchos casos se creerá haberlo encontrado pero, muy pronto se descubrirá la equivocación si es que la búsqueda continua, eso sucede cuando se guarda la creencia y convicción de que "deben pedirle perdón por lo que le hicieron”

El grado de victimización dependerá de la gravedad de los hechos y la forma como se entendieron estos en su momento. No pretendemos justificar, ni minimizar acción alguna, lo que sostenemos es que, fuera lo que pudiera haber sido, si no se comprende correctamente el hecho, difícilmente se pueden conducir las acciones orientadas a superar las consecuencias del mismo.

En la vida hay cosas y situaciones que como seres humanos podemos y no podemos controlar. No podemos controlar el clima, ni las condiciones atmosféricas pero, si se puede y debe controlar la respuesta que se asuma ante las mismas. No se puede controlar lo que piense o diga otra persona pero, si se puede controlar lo que piensa y lo que dice uno (a) mismo (a). No se pueden controlar las acciones de otras personas pero, si se pueden y deben controlar las propias respuestas ante tales acciones.

Es muy común que se viva criticando a los padres por la influencia negativa que estos pudieran haber tenido, es más, si se cae en la cuenta de que son ellos los prime ros que comienzan la contaminación inconsciente, de seguro que muchos experimentaran una reacción negativa, olvidándose por completo que no existen padres que intencionalmente quieran dañar ni perjudicar a sus hijos.

Si de alguna u otra forma en algunos casos así aparentemente sucede o sucedió, hay que tener plena seguridad que ocurrió por ignorancia y no por maldad. Piensa por un segundo en tu propia situación, si eres padre o madre de familia, ¿harías intencionalmente a tus hijos alguna maldad? Pues claro que no, ¿verdad? entonces, si así lo crees y piensas ¿cómo podrías pensar que tus padres si lo hicieron o harían contigo? Si lo has pensado alguna vez, no es a él o ella a quien tendrías que perdonar sino a ti mismo (a) por tan desequilibrado pensamiento.

Si crees como muchos que tú has sido víctima de tus padres o de alguno de ellos, permíteme invitarte a que analices fríamente la situación, al final, te convencerás que ha sido el pensamiento condicionado el que te ha llevado a esa errónea conclusión.

Como toda regla tiene su excepción, obviamente es comprensible hacer una observación adicional con las personas que siendo o no progenitores (a) efectúan o efectuaron las veces de los mismos (as) o bajo cualquier otra circunstancia en la cual afectaron física, psicológica o emocionalmente a cualquier ser.

En esos casos, se tendría que entender y comprender que no se puede justificar bajo ninguna circunstancia acción alguna que dañe ni intente dañar la salud física y emocional de un niño (a) pero, si se debería tratar de comprender mejor que en ese sentido, se estaría frente a otro ser humano, con características indeseablemente especiales que no necesitaría perdón, sino más bien compasión y lastima la cual se le otorga sin contemplación a cualquier mendigo.

Independientemente de quienes sean o hayan sido tus padres y la forma como se relacionaron contigo, siempre les vas a deber, lee bien, SIEMPRE, gratitud por haber hecho posible que existas, para que hoy seas lo eres, un ser humano! Si de alguna forma no te gusta ni aceptas lo que eres, ¿cómo eres o estás viviendo? no los responsabilices a ellos, ni a otros, ya que eres tú y únicamente tú quien ha hecho de ti lo que eres hoy día.

De manera que, si a alguien habría que perdonar, ese alguien no puede ser otro (a) que a ti mismo (a). Igual va a suceder con las otras personas, hermanos, familiares, amigos (as), compañeros (as), enamorado (a), novio (a) esposa (o) y todos en general. Analiza fríamente, utiliza tus propios lentes y no los que tal vez has venido utilizando hasta el día de hoy; comprobarás que si existe el perdón y éste tiene algún camino, sin dudas éste se encuentra en tu interior.

La gran sorpresa que te llevarás al ingresar será comprobar que en ese lugar no se encuentra nada ni nadie a quien perdonar. Solo hallarás el triste recuerdo de aquellos pensamientos que te lastimaron o lastiman y que solamente tú puedes liberar.

13

Si no es ahora, ¿Cuándo?

Recuerda que lo que decidieras hacer en tu vida, requerirá siempre de un primer paso y que este estará mejor encaminado si existe un plan de acción. Difícilmente se puede lograr la consecución de lo que se pretende en la vida si no se definen claramente las metas y objetivos. Se puede intentar hacer las cosas de mil formas y de hecho así es como sucede en la mayoría de los casos, inclusive el tuyo pero, como tal vez ya te habrás dado cuenta, casi siempre se llega al mismo punto de partida y eso como consecuencia o resultado directo de la falta de una hoja de ruta que guíe y encamine cada una de tus acciones.

Todas las personas tienen ideas, pensamientos, deseos inquietudes, metas y un sinnúmero de buenas intenciones, lo que les hace falta es plasmarlas por escrito, convirtiéndolas en planes de acción. Desafortunadamente en la vida diaria, observamos cómo miles de jóvenes talentosos (as) deambulan sin rumbo por la vida, por carecer de información apropiada y la consecuente deficiencia de un plan de acción definido.

En las escuelas educativas de las difer entes sociedades del mundo "preparan a sus futuros ciudadanos" en áreas o temáticas que serán impracticables en su vida diaria. El condicionamiento de los pensamientos es tan absurdo que no se instituye la obligatoriedad de preparar a esos futuros ciudadanos en áreas relevantes, prácticas e indudablemente importantes de su vida.

En la actualidad, lo realmente importante, práctico y útil, se aprende en el momento mismo de la experiencia, debiéndose pagar en casi todos los casos, el altísimo costo de la falta de preparación. Resultaría más favorable que esos jóvenes de todas partes del mundo, reciban la debida instrucción en áreas específicas como el manejo del dinero y las implicaciones en su economía; el conocimiento práctico del costo y uso del crédito, el concepto de la tributación, los beneficios y obligaciones sociales. De hecho tendrán que aprenderlas al momento de vivirlas pero, con el consecuente costo que ello le significará.

Generalmente, estas ideas o buenos deseos se quedan en ese estado todas las veces que no se plasman en un plan el cual tan pronto se ponga en ejecución se convertirá en un mapa de ruta a seguir para alcanzar lo que se desee. Cualquier cosa que se anhela, nace con una idea, la cual toma fuerza cuando se visualiza y se plasma en un plan de acción; éste se convertirá en movimientos específicos, lo cual permitirá la consecución de lo planeado.

Luego de la lectura del libro, imaginamos vendrán muchas interrogantes que irás respondiendo en la medida en que decidas responder a la pregunta central ¿Dónde están tus Lentes? Una vez utilices tus propios lentes comprenderás que hay mucho por hacer, empezando por cambiar los paradigmas esenciales que se encuentran profundamente arraigados en ti, lo cual te impide ver las cosas de manera diferente en la creencia de que son tus propios paradigmas. Para ver las cosas con otra perspectiva hay que ser diferentes, creando tus propios paradigmas.

Lo que vemos está íntimamente relacionado con lo que somos, de manera que en ningún caso se puede llegar muy lejos en la intención de tra nsformarse para ver las cosas, si al mismo tiempo no se modifica la esencia de lo que somos y a la inversa. Los paradigmas son significativos porque crean los cristales a través de los cuales se percibe todo en el mundo en que vivimos. De ellos dependerán las acciones a desarrollarse en el transcurso de la vida.

La forma de ver y entender la vida estará directamente relacionada con las bases y códigos que hayas instaurado en tu subconsciente. La mayoría de personas se desenvuelven guiadas por sus instintos y la ola colectiva que los arrastra en su diario caminar. Desconociendo que cuando se desea llegar a un determinado lugar o alcanzar algún objetivo, será siempre mucho más efectivo y practico contar un plan de acción.

¿Cuántas situaciones innecesarias se evitarían si solamente comprendiéramos a temprana edad la importancia y el significado de un plan de acción?. ¿Recuerdas en tus años iniciales o en la adolescencia alguna persona te instruyera sobre esto? Si tuviste la gran oportunidad de tener quien te hablo sobre de la importancia de la planificación en realidad agradece de manera especial por tal acción ya que difícilmente en los años iniciales se recibe ese tipo de información u orientación.

Para todo, literalmente para todo encaja perfectamente un plan de acción. Te puede llevar con precisión a conseguir lo que te propongas. Plasmando esas inquietudes en blanco y negro siempre te resultará beneficioso, sencillamente porque contarás paso a paso con una guía necesaria, la cual como es obvio, podrá ser revisada, corregida y ajustada en la medida en que se vayan observando los resultados.

Así por ejemplo, podrás establecer en un plan todo lo referente al proceso de relacionarte con personas y dentro de las cuales evidentemente podrá estar quien finalmente comparta su vida contigo. Iniciar una empresa, establecer un negocio, realizar alguna actividad laboral, buscar independencia financiera, organizar las actividades personales y familiares, etc.

Todo eso se podría y debería consolidar en un plan, pero obviamente sería muy fácil si existiera la cultura del plan, lo cual haría todo más fácil. Pero nunca es tarde si realmente luego de observar ciertos detalles, obtener respuestas personales y llegar a conclusiones puntuales, caes en la convicción de que éste podría ser beneficioso para ti, entonces la decisión es totalmente tuya!

Inicialm ente se puede pensar, consecuentem ente creer, que esto es algo difícil de hacer pero en realidad no lo es! Lo único que hay que precisar y definir claramente es responder básicamente a cuatro interrogantes. 1. ¿Qué es lo que se quiere o desea hacer? 2. ¿Con qué finalidad? 3. ¿Cuál es o cuales son los objetivos? 4. ¿Cómo se haría? Teniendo las respuestas a esas preguntas, fácilmente se puede confeccionar y delinear cualquier plan de acción.

Los planes son como los mapas de un territorio donde se pretende caminar o recorrer. Hacerlo sin contar con tan importante ayuda es como hacer el mismo recorrido a ciegas, sin orientación de ninguna clase. Se podrá intentar llegar sin un plan y de hecho eso es lo que hace la gran mayoría. Se puede llegar algún lugar y de hecho casi siempre se llega pero, por lo general es al mismo lugar del cual se partió! Si haces de esto un hábito, ten por seguro que tendrás una gran ventaja; los años y experiencias innecesarias que te ahorrarás en el camino te permitirán comprender que no deberíamos hacer absolutamente nada, si previamente no se cuenta con un plan de acción.

Paradójicamente, si se llega a realizar el propósito, por lo general, solam ente se realiza en forma mental. Casi siempre, las cosas las hacemos dos veces! Primero desde una perspectiva imaginaria, mental y luego desde un plano practico- objetivo. El problema surge, cuando se concibe la idea, desde el plano mental.

Las ideas son volátiles, se olvidan, se distorsionan y en una gran mayoría de casos no se llevan a la práctica precisamente por esas razones. En el plano objetivo, la gran mayoría de veces, las personas ejecutan lo que han pensado o lo que se acuerdan de ese pensamiento p ero, difícilmente lo llegan a realizar con un 100% de objetividad, debido a que la idea no fue plasmada inicialmente en blanco y negro. En la práctica, se hace algo muy distinto a lo que se evoca o se sueña inicialmente, precisamente por la falta de costumbre en lo referente a un plan.

Espero que alguna de las palabras contenidas en este mensaje llegue a captar tu atención, para que en la comodidad del lugar donde te encuentres en estos momentos, te respondas a ti mismo (a) sí no es ahora ¿cuándo? Tienes por delante una serie de acciones y decisiones que tomar, pero recuerda, eso es y será exclusiva responsabilidad de tu parte, lo que si te puedo asegurar, es que te sentirás mucho mejor, si cualquiera de las acciones que decidas emprender sale desde lo más profundo de tu SER.

¿Dónde están tus Lentes? El recuerdo permanente de esta interrogante te invitará constantemente a revisar si la respuesta proviene de tus creencias personales o si son pensamientos condicionados que intentan provocar acciones subordinadas a esos pensamientos y no a tus convicciones interiores, por las cuales se vive, se lucha y se muere!

Agradecimientos

Experimento un profundo sentimiento de gratitud por esta obra. Son muchas las razones que me llevan a este maravilloso estado de paz y alegría que estoy experimentando y deseo compartirlo contigo. Confieso que comencé a conocerme desde muy pequeño, aunque aún no termino de hacerlo. Comprobé luego que me apasionaba la investigación y me dediqué a ella. Me hice amigo de la lectura haciéndola mi compañera inseparable desde que aprendí a leer, convirtiéndose la escritura en cómplice de esa pasión desde aquel entonces, sin embargo, no fue hasta hace unos meses que decidí plasmar algunas de mis notas en el libro que hoy generosamente está en tus manos.

A través de mis letras, deseo transmitir las emociones que invaden mi ser al recordar personas y momentos tan especiales como este. En general, agradezco a todos los que me transmitieron sus buenas vibraciones tan pronto tuvieron conocimiento de mi intención de escribir formalmente, pero quiero mencionar los nombres de quienes de manera muy particular transmitieron y expresaron su alegría, aliento y apoyo incondicional al enterarse de mi decisión de hacer realidad el libro.

Por todo esto quiero dejar constancia y expresar mi gratitud,

A la inteligencia infinita que hace posible todo cuanto existe.

A mis padres, Oscar y Angélica quienes me trajeron a este mundo. Ambos a su manera supo transmitir valores imborrables en mi persona.

A Pilar, mi compañera de toda la vida, por su amistad, amor eterno, comprensión y apoyo incondicional en todas mis empresas.

A Mario Jesús, Jorge Andrés y Oscar Andrés, mis amados hijos, por ser como son, por el amor, respeto y sencillez que transmiten con sus acciones, permitiendo que experimente con alegría la satisfacción de comprobar que vivo y seguiré viviendo a través de ellos y de cada uno sus descendientes.

A mis hermanos (as) y familiares en general que sin proponérselo me inspiraron en muchos pasajes de la obra.

A mis amigos Iván y Olga, personas muy especiales que mostraron y expresaron su apoyo incondicional desde el primer momento que compartí la idea de escribir este libro.

A todos mis amigos (as) que con sus comentarios positivos alimentaron el deseo ardiente de hacer realidad este libro.

A todas las personas que sin conocerme personalmente fueron fuente de inspiración y motivación para esta realidad.

Muchas Gracias!

Mario Alfaro

Sobre el Autor

Mario Alfaro se autodefine como un servidor social por vocación y un empresario por convicción. Su Misión es el servicio y su pasión toda empresa encaminada hacia ese objetivo. Más de cuarenta años de experiencia en varios emprendimientos le otorgan capacidad para compartir sus conocimientos con todas aquellas personas dispuestas hacer uso de su buena voluntad.

Nació en el Perú; desde hace veinte y cinco años reside en el estado de Virginia, Estados Unidos, tiene su propia empresa, comparte ideas positivas con la gente orientando el desarrollo individual hacia la práctica de acciones constructivas que generen bienestar a los involucrados.

Índice

Mario Alfaro

Mario Alfaro

Printed in Dunstable, United Kingdom

87963880R10211